DIE SCHÖNSTEN
BODENSEEGÄRTEN
UND IHRE GESCHICHTE

Wenn Du einen Garten und eine Bibliothek hast,

fehlt es Dir an nichts.

Si hortum in bibliotheca habes, deerit nihil.

Marcus Tullius Cicero

Petra,
meiner liebsten Bodensee-Gärtnerin, gewidmet

DOMINIK GÜGEL

DIE SCHÖNSTEN
BODENSEEGÄRTEN
UND IHRE GESCHICHTE

Eine spannende Zeitreise

Inhalt

Schloss Arenenberg: 2000 Jahre Gartengeschichte lebendig bis heute

1820

1900

BODENSEEGÄRTEN

1. Eiszeitpark, Engen
2. Archäobotanischer Garten, Frauenfeld
3. Römischer Gutshof, Eigeltingen
4. Campus Galli, Meßkirch
5. Strabos Kräutergarten „Hortulus", Insel Reichenau
6. Arenenberg
7. Reichlin-von-Meldegg-Haus, Überlingen
8. Kartause Ittingen, Warth
9. Rosenstadt, Bischofszell
10. Schloss und Fürstenhäusle, Meersburg
11. Hofgarten, Schloss Meßkirch
12. Kloster und Schloss, Salem
13. Schloss, Tettnang
14. Schloss, Inzigkofen
15. KWA Rosenau, Konstanz
16. Schloss Wartegg, Rorschacherberg
17. Neues Schloss, Kißlegg
18. Insel Mainau
19. Bayerische Riviera und Lindau
20. Uferpromenade, Langenargen
21. Gartenpfad, Überlingen
22. Park von Thurn und Taxis etc., Bregenz
23. Schlösslepark, Kressbronn
24. Stadtgarten, Stockach
25. Schloss Hahnberg, Berg
26. Parkhotel Sankt Leonhard, Überlingen
27. Gartendenkmal Stiegeler Park, Konstanz
28. Seeburgpark, Kreuzlingen
29. Stadtgarten, Radolfzell
30. Stein Egerta, Schaan
31. Stadtgarten, Singen
32. Skulpturengarten Würth, Rorschach
33. Ernährungsfeld, Vaduz
34. Uferpark, Überlingen
35. Mia- und Hermann-Hesse-Garten, Gaienhofen
36. Martha- und Otto-Dix-Garten, Gaienhofen-Hemmenhofen
37. Bibelgarten, Gossau
38. Bibelgalerie, Meersburg
39. Hildegard-Heilpflanzen-Garten, Öhningen-Schienen
40. Heilpflanzenwelt A.Vogel, Roggwil
41. Heilpflanzengarten Regena, Tägerwilen
42. Arzneipflanzengarten VitaPlant, Uttwil
43. Kräutergarten Hof Weissbad, Appenzell
44. Kräuter Schopf, Appenzell
45. Kräuterhaus, Appenzell
46. Kräutergarten, Mauren
47. Syringa, Hilzingen
48. Grenzenloses GartenRendezvous am westlichen Bodensee
49. Gartenpfad, Osterfingen
50. Bauerngarten, Amriswil
51. Bauerngarten, Neukirch-Egnach
52. Bauerngarten Meili-Müller, Eschlikon
53. Klostergarten, Stein am Rhein
54. Schaffhausen
55. Côte Napoléon

Vorwort

Gärten kennen keine Grenzen, und am Bodensee schon gleich gar nicht! Nicht nur die (Landes-)Gartenschauen in Singen (KN), Überlingen (FN), Lindau (LI) und bald auch schon in Wangen (RV) stellen dies unter Beweis. Keine andere Region auf der Welt bietet bei so kurzen Wegen eine derartige Fülle von unterschiedlichen Gartenstilen. Seit über 7000 Jahren besitzen die Bewohner an den Ufern des *Schwäbischen Meeres* den berühmten *Grünen Daumen*, und darauf sind sie auch stolz. Viele Gemeinwesen kamen und gingen schon. Ob die Dorfgemeinschaft der Steinzeit, der Stammesverbund der Kelten, ob Imperium Romanum, Schwäbisches Herzogtum, Römisch-Deutsches Kaiserreich, Eidgenossenschaft, monarchistische Kleinstaaterei, Nationalstaaten oder Europäische Union – der Leidenschaft von Menschen für ihre Gärten tat und tut dies keinen Abbruch.

Absolut verständlich, denn rings um den See haben alle bekannten Gartenbauepochen deutlich sichtbare Spuren hinterlassen. Dazu treten gleichberechtigt die praktisch zeitlosen Wein-, Obst-, Gemüse- oder Wiesengärten mit ihren Kräutern und Blumen und Themengärten mit den unterschiedlichsten Inhalten. Kein Wunder also, dass man allenthalben auf international bekannte Gartenverrückte stößt: den Würzburger Baumeister Balthasar Neumann (1687–1753) [→ Siehe S. 40 – Meersburg] etwa oder den Franzosen Louis-Martin Berthault (1770–1823) [→ Siehe S. 55 – Arenenberg], der die Gärten von Malmaison bei Paris schuf, oder den preußisch-sächsischen Fürsten Hermann von Pückler-Muskau (1785–1871) [→ Siehe S. 55 – Arenenberg/Côte Napoléon] und natürlich den österreichisch-ungarischen Granden Nikolaus II. Esterházy de Galantha, »Il Magnifico« (1765–1833) [→ Siehe S. 64 – Mainau]. In der zweiten Hälfte des 19. Jahrhunderts folgte Paul de Lavenne, Comte de Choulot (1794–1870) [→ Siehe S. 51 – Schloss Warteqq], der in Europa mehr als 300 Gärten entwarf.

Nur etwas Neugierde und Forschergeist sind nötig, um die unterschiedlichsten Gartenformen zu entdecken. Kann es etwas Spannenderes geben, als selbst auf die Suche zu gehen und plötzlich in der Landschaft auf ungeahnte Spuren zu stoßen? Auch wenn der heilige Petrus die Himmelsschleusen öffnet, braucht niemand im sprichwörtlichen Regen zu stehen. Zahlreiche Museen laden dazu ein, in ihren Sammlungen die Hinterlassenschaften der Gärtnerinnen und Gärtner vom Bodensee zu entdecken.

Der See bildet eine wahre Gartenlandschaft oder einen großen, überbordenden Landschaftspark. Ganz wie es dem Betrachter gefällt. Man muss ihn nur zu lesen verstehen.

Das ist eigentlich ganz einfach: Mit Gärten verhält es sich wie mit dem Tagebuch der eigenen Urgroßmutter. Sie verfasste es zwar in altdeutscher Handschrift, aber den einen oder anderen Buchstaben kann die geneigte Enkelin oder der Enkel heute trotzdem noch entziffern. Neugierig geworden, versuchen sie oder er weiterzulesen und behelfen sich mit einer Anleitung. Zunächst langsam, dann immer schneller und schneller werden aus den Buchstaben Wörter, aus Wörtern Sätze, und schließlich breitet sich das Leben der wahrscheinlich nie gekannten Dame vor einem aus.

Auch die Bodenseegärten erklären sich praktisch von selbst. Manchmal ist allerdings etwas Unterstützung nötig. Genau dazu möchte das vorliegende Buch dienen, eine Anleitung zum Lesen von Gärten und ihrer Kulturgeschichte sein.

Aber Vorsicht! Bodenseegärten besitzen Suchtpotential. Gegen Risiken und Nebenwirkungen helfen keine Ärzte oder Apotheker – höchstens ein eigener Garten oder eine Entdeckungsreise durch die Zeit!

Bregenz, Lindau und die Bayerische Riviera, Ausschnitt aus der Gartenkarte des August Brandmayer (1828–1844)

11

Frühlingserwachen auf dem Festland der Insel Mainau

Aller Anfang ist schwer – Geburts-stunden des Gartenbaus

W iege der abendländischen Kultur nannte ein Wissenschaftler den Bodenseeraum und hatte damit wahrscheinlich gar nicht so unrecht. *Eine Wiege des Abendlandes* wäre vielleicht der bessere Ausdruck, aber dabei handelt es sich um eine andere Fragestellung. Hinsichtlich Gärten trifft die Formulierung »eine Wiege« sicher zu.

Unsere Zeitreise beginnt circa 15 000 vor Christus. Damals gab es zwar definitiv noch keine Gärten, aber die dazumal lebenden Menschen nutzten bereits intensiv die sich langsam ausbreitende Pflanzenwelt. Der Eiszeitpark [→ Siehe S. 16 – Engen] bringt seinen Besuchern diese Phase mehr als anschaulich näher.

Die später auftretenden Pfahlbauer kannten schon eigene Bereiche für Pflanzen. Von Lustgärten in unserem heutigen Sinn waren diese allerdings wohl weit entfernt. Hier ging es vielmehr um Nutzgärten, in denen verschiedene Sorten von Pflanzen angebaut wurden. Äpfel finden sich darunter, genauso wie Beeren oder Getreide, Dinkel, Emmer, Nacktweizen, Gerste und Einkorn etwa. Zur Ölgewinnung dienten den Menschen Saat-Lein und Mohn. Außerdem entstanden speziell eingezäunte (Blumen-)Wiesen als Weide. Und, wer weiß, vielleicht hat ja Herr Pfahlbauer seiner Angebeteten auch schon ein (Gänse-)Blümchen als Zeichen seiner Verliebtheit geschenkt?

Mehr über diese Zeit lässt sich im Archäobotanischen Garten des Naturmuseums bzw. Museums für Archäologie Thurgau [→ Siehe S. 18 – Frauenfeld] erfahren. Unbedingt ins Programm gehört auch ein Besuch im Archäobotanischen Garten des baden-württembergischen Landesamtes für Denkmalpflege (Gaienhofen-Hemmenhofen/KN). Beginnend mit Kulturpflanzen aus

Urtümliche Beeren im Archäobotanischen Garten von Frauenfeld

Die urtümliche Landschaft auf dem Bodanrück verbirgt bis heute viele Geheimnisse

der Jungsteinzeit bauen hier Forscher wiederentdeckte Pflanzen an, studieren und untersuchen sie. Ein kleines *Arboretum* widmet sich alten Obstsorten. Seit 2011 zählen die Pfahlbauten übrigens zu den drei UNESCO-Welterbestätten am Bodensee.

Unbekanntes im Nebel des Sees verborgen

Seit circa 800 vor Christus hinterließen die sagenumwobenen Kelten vielfache Spuren am See und in seinem Umland. Immer wieder stoßen die Archäologen auf größere und kleinere Siedlungen und vor allem auf Gräberfelder verschiedenster Art aus der sogenannten *Eisenzeit*. Die Menschen wohnten in verstreut liegenden Gehöften mit einfachen Häusern aus Fachwerk. Ihre Felder, Beete und Nutzflächen zäunten sie mit Weidengeflecht ein. Darüber hinaus gab es Fürstensitze und sogenannte *Oppida*, eine Bezeichnung für (Klein-)Städte, die allerdings aus dem Lateinischen stammt.

Auf eigens angelegte Gärten zu schließen erlauben die archäologischen Funde und Befunde leider nicht. Zu gering sind die bisherigen Erkenntnisse. Wie die Menschen vor ihnen scheinen sich auch die Kelten primär mit dem Anbau von Nutzpflanzen beschäftigt zu haben. Im Laufe der Zeit wich der anfängliche *Zwang* zum Gartenbau einer immer stärker werdenden *Leidenschaft*.

Die unter der Erde verborgenen Siedlungen und Gräberfelder der Kelten üben auf den heutigen Besucher eine fast magische Kraft aus. Es bedarf nur ein wenig Übung, um die Spuren von Ansiedlungen zu entdecken. Oft führen auch die Gewannnamen den Menschen des 21. Jahrhunderts auf die richtige Spur. Wer sie zu deuten weiß, steht staunend vor fast 3000 Jahre alten Zeugnissen der Hochkultur, eingebettet in die ruhige Parklandschaft des Bodensees. Der *Heidenbühl* bei Allensbach-Kaltbrunn (KN) etwa oder der *Ameisenberg* (zu lesen *Am-Eisen-Berg*) bei Dettingen (KN).

In diesem Zusammenhang verwundert es nicht, dass die wohl älteste Stadt nördlich der Alpen auch im nahen Umland des Bodensees liegt. *Pyrene*, das heute *Heuneburg* heißt und zu Herbertingen (SIG) gehört, fand schon beim griechischen Schriftsteller Herodot (um 480 bis um 420 vor Christus) bewundernde Erwähnung. Im gleichnamigen Freilichtmuseum und dem angegliederten Heuneburgmuseum lässt sich das Alltagsleben der Kelten anschaulich nachvollziehen.

ENGEN (KN)

Eiszeitpark

Fachkundige mögen sich an dieser Stelle wundern, und sie haben natürlich recht. In der Altsteinzeit kann es noch gar keine von Menschenhand gepflegten Gärten gegeben haben, denn bei unseren damaligen Vorfahren handelte es sich um nomadisierende Jäger und Sammler. Die Frauen und Männer kehrten zwar an günstig gelegene Siedlungsplätze zurück, aber an feste Wohnungen mit eigenem Garten und Viehzucht darf noch lange nicht gedacht werden.

Wie sah die Natur um 15 000 vor heute aus? Zunächst war es noch viel kälter. Es handelte sich hier um eine Steppenlandschaft, in der an begünstigten Stellen Sträucher wie z. B. Sanddorn und vereinzelte Bäume wie Kiefern oder die Moor-Birke wuchsen. Erst nach dem Ende der Eiszeit entstanden zusammenhängende Wälder. Flora und Fauna veränderten sich jetzt nachhaltig.

Obwohl sie bereits Zelte und das Feuer kannten, suchten die Menschen nach wie vor Schutz unter Felsüberhängen und in Höhlen(-eingängen). Sie durchwanderten das heutige Bodenseegebiet immer auf der Suche nach Feuchtgebieten, die hervorragende Möglichkeiten zum Jagen und Sammeln von Pflanzen boten. Diese dienten nicht nur zur Nahrung, sondern auch als Arznei und Werkstoff.

Der 2003 angelegte *Eiszeitpark* im heute sogenannten *Brudertal* bietet einen Blick auf diese längst untergegangene Welt. Direkt unter dem Petersfels rekonstruierten Wissenschaftler an originaler Stelle die späteiszeitliche Landschaft und ihre Vegetation. Durch das gesamte Tal führt ein knapp vier Kilometer langer, meist gut ausgebauter Wanderweg, der von zahlreichen Tafeln flankiert wird. Ein Pavillon gegenüber dem Felsen informiert über das neu angelegte sensible Ökosystem der Moorlandschaft. Die aufgestellten dreisprachigen Hinweisschilder beschäftigen sich hauptsächlich mit Pflanzenbeschreibungen. So entsteht der Eindruck eines großen Eiszeit-Erlebnisses, das ganzjährig begehbar ist. Wie in allen Gärten empfiehlt sich natürlich das Frühjahr für einen Besuch, aber im Winter besitzt der Park einen besonderen Reiz. Wenn Schnee liegt und ein kalter Ostwind durch das Tal weht, dann nähert man sich gedanklich – soweit das heute überhaupt noch möglich ist – dem entbehrungsreichen Leben der Eiszeitmenschen an.

Das Brudertal und seine umliegenden Formationen gelten als eine der bedeutendsten Fundstellen der Altsteinzeit. Man könnte es als *Lascaux* des Bodensees bezeichnen. Nur die beeindruckenden Wandmalereien fehlen hier. Weltberühmt sind dafür die unzähligen Schmuckstücke vom Petersfels, die oft in stilisierter Form Frauen darstellen. Im Zentrum steht die original nur wenige Zentimeter große, aus Gagat (fossilem Holz) gefertigte *Venus von Engen*.

www.engen.de

Die Venus von Engen, modern interpretiert auf einem Felsen sitzend

Eingang zum Archäobotanischen Garten

FRAUENFELD (TG)

Der Archäobotanische Garten des Naturmuseums und Museums für Archäologie

Auf rund 300 Quadratmetern bietet sich in Frauenfeld für den Besucher die Möglichkeit – individuell oder bei einer Spezialführung –, die schier unermessliche Vielfalt der historischen Kulturpflanzen am Bodensee kennenzulernen. *Nebst alten Getreidesorten oder heute in Vergessenheit geratenen Gemüse- und Beerensorten finden sich bei uns Eiweiß und Öl liefernde Pflanzen, Medizinal- und Gewürzkräuter oder die früher so unentbehrlichen Färberpflanzen*, schwärmen der Direktor des Naturmuseums Dr. Hannes Geisser und sein Kollege, Dr. Urs Leuzinger, Leiter des Museums für Archäologie. Ihre Empfehlung als ausgewiesene Fachleute lautet: Geruhsam von Beet zu Beet schlendern, die Hektik des 21. Jahrhunderts ausblenden und einfach nur staunen. Anschließend auf einer Bank das mitgebrachte Vesper genießen, ein Buch lesen und entspannen. *Wenn jemand vielleicht noch die eine oder andere Idee für den eigenen Garten oder Balkon mitnimmt, haben wir unser Ziel erreicht*, sagen die beiden Experten. Kann es eine schönere Einladung geben?

Steinzeit schmeckt sogar

Bei Regen bieten die beiden Museen unter einem Dach jede Menge Hintergründe für Groß und Klein. Informationen über Insekten etwa, die unbekannten *Mieter im Garten*. Die Archäologen lassen anhand wertvoller Originalexponate und Modelle nicht nur die (Garten-)Welt der Pfahlbauer wieder lebendig werden.

Nur ein Katzensprung vom *Archäobotanischen Garten* entfernt liegt der *Botanische Garten*. Der Besucher braucht nur über die Straße zu gehen, und schon steht er in einem Stadtpark der besonderen Art. Eine *grüne Oase* mitten in der Stadt. 1865 als *Lehrgarten* angelegt, erfuhr der *Botanische Garten* vor Kurzem eine Neuausrichtung zum *Schaugarten*. Auf 5000 Quadratmetern entdeckt der Besucher Bereiche mit klangvollen Namen wie *Blütenstaudenrabatte, Pfingstrosensammlung, Sonnen-, Jahreszeiten- oder Schattengarten* oder *Arboretum*. Darin finden sich die unterschiedlichsten botanischen Raritäten. Seltene einheimische Pflanzen stehen neben Bäumen, die vor der Eiszeit auch in den Wäldern rings um den Bodensee heimisch waren.

www.naturmuseum.tg.ch
www.archaeologisches-museum.tg.ch
www.bodenseegaerten.tg

Otium et Negotium/Arbeit und Vergnügen – Gärten der Spätantike

U m 15 vor Christus kamen die Römer an den Bodensee und zeigten den einheimischen Kelten erst einmal, wie man einen Garten richtig anlegt. Gleichzeitig brachten sie ihnen bei, dass man ihn auch zur Erholung und zur Repräsentation nutzen kann. *Otium* (*Arbeit*) und *Negotium* (*Vergnügen*) lautete ihr Credo bis in die Spätantike.

Wasserspiele und Grünflächen zeugen von Wohlstand der Villa Borg

In den römischen Gärten der Villa Borg

Die Römer kannten grundsätzlich zwei Arten von Gärten: den Gartenhof eines Stadthauses und die Gärten ihrer Landsitze. In der Stadt gehörte ein ummauerter Bereich als Küchengarten genauso zur Anlage wie ein Gartenhof, der als Ziergarten mit den Wohnräumen verbunden war. Auf seinem Landsitz besaß der gutsituierte Römer – je nach Vermögenslage – größere und kleinere formal gestaltete Lustgärten mit Lauben und Badeanlagen. Springbrunnen und Figuren gehörten ebenfalls dazu wie auch in Form geschnittene immergrüne Bäume und Hecken. Erstmals lassen sich auch viele Zier- bzw. Duftpflanzen wie Rosen, Lilien, Jasmin oder Lavendel nachweisen. Wein und Reben spielten eine herausragende Rolle. Auskunft über die Garten-leidenschaft der Römer geben uns antike Schriftsteller wie Plinius der Ältere (23 oder 24 bis 79 nach Christus) und Vitruv (81–15 vor Christus). Vor allem auf seine Schriften beziehen sich später die Architekten der Renaissance [→ Siehe S. 30 – Einleitung]. Zwischen den Innen- und Außenräumen der römischen Häuser bestanden enge Beziehungen. Gärten bildeten quasi die Fortsetzung der repräsentativen Zimmer einer *villa* oder eines Landhauses, wie archäologische Quellen zum Beispiel aus Pompeji nachweisen.

Originale Gärten haben sich natürlich nicht erhalten. Auch Rekonstruktionen sind selten. In Hechingen-Stein (BL) findet sich der Teilnachbau einer *Villa rustica* mit vermutetem Garten.

Etwas näher am See liegt der *Archäologische Park* der Römerstadt *Cambodunum*/Kempten (KE). Komplett wiederaufgebaut, allerdings sehr weit entfernt, ist die sogenannte *Villa Borg* im Saarland (MZG). Hier finden sich alle bekannten Gartentypen der Spätantike und die dazugehörenden Pflanzen: Um die Villa gruppieren sich ein Wassergarten, ein Kräuter- und Blumengarten, ein Rosenzimmer sowie Gemüse- und Obstgärten.

Obwohl es rings um den Bodensee eine Reihe von antiken Kastellen mit zivilen Siedlungen gab, zum Beispiel Arbon (TG), Bregenz (Vbg), Konstanz (KN), Pfyn (TG), scheint sich kein Muster eines Stadthauses mit Garten erhalten zu haben. Größere und kleinere Landsitze, sogenannte *villae rusticae*, lassen sich aber rings um den See häufig nachweisen.

EIGELTINGEN (KN)

Ein römischer Gutshof in traumhafter Parklandschaft

Der mögliche Bauherr, vielleicht hieß er *Clementianus* oder *Clementius*, und seine *Domina* müssen schon vermögendere Personen gewesen sein. Bereits im 1. Jahrhundert nach Christus errichteten sie sich in schönster Lage mit Aussicht auf die Vulkanberge des Hegaus eine mehr als beachtliche *villa rustica*. In der Ferne sahen sie sogar die Alpen, den Gebirgszug, der sie vom *Land, wo die Zitronen blühen* (Italien) trennte. Kam dabei vielleicht Sehnsucht nach der früheren Heimat auf? Wir wissen es nicht. Denn ob es sich bei den Bewohnern um Römer (ehemalige Legionssoldaten bzw. zivile Kolonisten) handelte oder um romanisierte Kelten, muss offenbleiben.

Was für ein Bild! Die *villa* war nach Süden ausgerichtet und weithin als repräsentativer Bau sichtbar. Ganz nach römischem Vorbild besaß die Anlage eine Vorderfront in Form einer langen Eingangshalle aus Säulen sowie zwei mehrgeschossige Ecktürme. Dazu traten Seitenflügel, die einen offenen Innenhof umschlossen. Wie in Italien befand sich hier wahrscheinlich einer der Gärten. Insgesamt stand den Bewohnern eine stattliche Wohnfläche von ca. 1500 Quadratmetern zur Verfügung. Dazu traten zahlreiche Neben- und Funktionsgebäude. Alles durchaus luxuriös, natürlich mit beheiztem Badehaus und vielem anderen mehr.

Auch wenn es die Lage inmitten der wunderschönen Parklandschaft des Hegaus heute vermuten ließe – die leider nicht genau bekannten Erbauer der *villa* und ihre späteren Besitzer lebten keineswegs in Einsamkeit. Nur wenige Kilometer voneinander entfernt lagen viele ähnliche Anlagen, die miteinander in Kontakt standen. Die *villae rusticae* in Engen-Bargen (KN) zum Beispiel, in Tengen-Büßlingen (KN) oder in Meßkirch (SIG). Allein im Hegau gab es – so vermuten Forscher – mindestens 15 solcher Gebäudekomplexe. Ihre Bewohner kümmerten sich im Schnitt um 50 bis 60 Hektar Land. Darauf betrieben sie Viehzucht und Ackerbau mit unterschiedlichen Feldfrüchten bzw. Gemüsesorten. Viele Pflanzen, die heute noch zum Inventar der Bodenseegärten gehören, stammten aus Italien. Das milde Klima am See erlaubte ihren Anbau. Erzeugte Überschüsse verkauften die Bewohner wahrscheinlich in den größeren Siedlungen der Region: Eschenz (TG), Orsingen (KN) oder Konstanz (KN).

Besonders luxuriös ging es am östlichen Ende des Sees zu. *Brigantium*, das heutige Bregenz, war auf den Bodensee bezogen zeitweise eine fast schon mondän zu nennende Siedlung. Außerhalb ihrer Mauern lagen prunkvolle Landsitze. Sehenswert ist in diesem Zusammenhang das *Vorarlberg Museum* in Bregenz selbst und natürlich das *Freilichtmuseum Villa Rustica* in Rankweil (Vbg).

Zurück zur *villa rustica* von Eigeltingen (KN). Sie besitzt neben ihrer berauschenden parkähnlichen Lage noch eine andere bemerkenswerte Verbindung zu Gärten: einen Weihestein zu Ehren des römischen Gottes Silvanus. Da er als Erfinder des Pflanzenbaus galt, standen fruchtbare Felder und Gärten unter seinem besonderen Schutz. Gleichzeitig waren ihm die Ufer von Gewässern anvertraut. Hätte es eine idealere Gottheit für die Bodenseegärten gegeben?

Weihestein für Silvanus, Beschützer der Gärten

Um 260 nach Christus wurde die Eigeltinger *villa* aufgegeben. Hing es mit dem Klimawandel oder mit der immer stärker werdenden alamannischen Einwanderung zusammen?

Die Tradition des Gartenbaus am Bodensee endete mit dem Abzug der Römer jedenfalls nicht, die Völkerwanderung bedeutete keineswegs einen totalen Zusammenbruch. Gärten und Landschaft wurden durch die verbliebene keltisch-römische Mischbevölkerung so weit wie möglich weitergepflegt. Teilweise übernahmen die eindringenden Alamannen das verbliebene Wissen und die (noch) vorhandenen Gebäude, wie sich anhand von Funden in der *villa* rustica von Tengen-Büßlingen (KN) vermuten lässt.

www.eigeltingia.de
www.vorarlbergmuseum.at
www.tengen.de

Frömmigkeit und Lust – Gärten im Mittelalter

D as antike Wissen über den Gartenbau blieb auf bisher nur wenig erforschten Wegen erhalten. Karl der Große (um 747 bis 814) ließ die verstreuten Spuren sammeln und ordnen. In seinem um 800 entstandenen *Capitulare de villis* (*Landgüterverordnung*) fasste er sie neu zusammen. Die nur in einer einzigen Handschrift überlieferte Verordnung enthält detaillierte Anweisungen für Ackerbau und Viehzucht sowie eine Liste wichtiger Pflanzen. Ziergärten finden in der Schrift keine Erwähnung, was aber nicht bedeutet, dass es sie nicht gab.

Praktisch zeitgleich wurde auch im Kloster Reichenau (KN) antikes Wissen über den Gartenbau schriftlich niedergelegt. Allerdings viel anschaulicher. Die berühmten Schreiber und Illustratoren der Abtei schufen den heute nach seinem Bestimmungsort Sankt Gallen (SG) benannten *Sankt Galler Klosterplan*, sozusagen den Mustergrundriss für eine mittelalterliche Klosterstadt. Die darauf festgehaltenen Gartenanlagen zeigen einen Arzneigarten (*herbularius*) mit 16 Beeten, einen Küchengarten (*hortus*) mit 18 Beeten und einen Obst- bzw. Paradiesgarten, der gleichzeitig als Friedhof diente. Über Jahrhunderte hinweg orientierten sich Baumeister und Architekten bei der Anlage von Klostergärten an diesem Muster [→ Siehe S. 26 – Meßkirch/*Campus Galli*].

Zusammen mit dem um 840 niedergeschriebenen Gartengedicht des späteren Reichenauer Abtes Walahfrid Strabo (808–849), *Liber de cultura hortorum, Buch über die Kultur der Gärten* (kurz *Hortulus*), gilt der Klosterplan als das vielleicht wichtigste Bindeglied zwischen dem Garten-Wissen des Altertums und dem der Neuzeit [→ Siehe S. 27 – Reichenau/*Hortulus des Walahfrid Strabo*].

Campus Galli: Im Bau befindliche Rekonstruktion des Paradiesgartens

Schema des mittelalterlichen
Patriziergartens von Schloss Arenenberg

Beziehungen in eine scheinbar untergegangene Welt

Bisher scheint unklar, woher die Menschen am Bodensee ihr antikes Gartenwissen bezogen.
Sicher gab es in den Klosterbibliotheken noch vereinzelte Schriften aus dieser Zeit. Kannte
man ihren Inhalt? Römische Gärten existierten um 800 nördlich der Alpen jedenfalls wohl
kaum mehr.

Aber genau im römischen Original liegt (vielleicht) der Schlüssel zur Schatztruhe der Überlieferung. Südlich der Alpen, namentlich in den Gebieten des Oströmischen und später Byzan-
tinischen Reiches, blieb das Gartenwissen lebendig und wurde weiter gepflegt. Das bereits im
6. Jahrhundert existierende Bistum Konstanz, seine Klöster und seine Kleriker pflegten nach-

weislich Kontakte nach Konstantinopel, besuchten die Stadt am Bosporus und brachten Geschenke von dort mit. Erinnert sei an den Reichenauer Abt Haito (um 762 bis 836), wahrscheinlich der Urheber des Sankt Galler Klosterplans. 811 reiste er im Auftrag Karls des Großen an den Bosporus und hielt sich als Diplomat längere Zeit dort auf. Während er auf Audienzen beim oströmischen Kaiser wartete, boten sich ihm genug Gelegenheiten, die berühmten Gärten des Zweiten Roms zu studieren. Kaufleute und Diplomaten folgten seinem Beispiel.

Ein paar hundert Jahre später: Gärten nur für die Sinne!

Also war es nur eine Frage der Zeit, da auch der Lustgarten wiederbelebt wurde: Den ersten nachantiken Garten dieser Art beschrieb im 13. Jahrhundert der aus Lauingen an der Donau (DLG) stammende Dominikaner Albertus Magnus (1199–1280). Er kannte sich am Bodensee gut aus und verkehrte unter anderem in den vielen Klöstern hier. In seinem Traktat *Liber de vegetabilibus et de plantis/Über die Pflanzen* präsentiert er einen Garten, der ausschließlich den Sinnen dient. Doch wir wollen den frommen Mann selbst zu Wort kommen lassen: *Es gibt indes einige Orte ohne großen Nutzen oder Ertrag […]. Man nennt sie Lustgärten. Sie dienen […] hauptsächlich dem Ergötzen zweier Sinne, nämlich dem Sehen und Riechen*. Albertus spricht weiter von einer blühenden Wiese mit einem Brunnen. Um diesen *kann man aller Art duftende Kräuter pflanzen, wie Rauke, Salbei und Basilikum, und ebenso aller Art Blumen wie Veilchen, Akelei, Lilie, Rose, Iris und Ähnliches mehr*. Außerdem gehören Rasenbänke und Hochbeete mit Nutzpflanzen zu dem beschriebenen Garten. Obsthaine und Rebhänge runden das Bild einer solchen Anlage ab.

Diese Idee(n) greift Pietro de Crescenzi (um 1230 bis ca. 1320) in seiner Schrift *Ruralium commodorum libri duodecima/Über die Landwirtschaft* auf und erweitert sie um Gärten für Personen mittleren Standes und für den Adel. Sein Werk wurde bis ins 17. Jahrhundert häufig übersetzt und gilt als eine der wichtigsten Schriften über den Gartenbau in Europa. Wertvolle Exemplare davon bewahren z.B. die Thurgauer Kantonsbibliothek Frauenfeld (TG) und die Bibliothek des Heinrich-Suso-Gymnasiums in Konstanz (KN). Sie stammen aus dem Besitz aufgelöster Klöster der Bodenseeregion.

Wie schon zu römischer Zeit entwickelten sich Gärten im späten Mittelalter zu einem Statussymbol der gehobenen Gesellschaft. Man besaß innerhalb der Mauern – meist hinter seinem Haus – einen solchen und natürlich auch einen Landsitz unweit seiner Heimatstadt. Dort ließ sich das Leben, umgeben von Wein- und Lustgärten, mehr als genießen. Es handelte sich aber immer um einen *hortus conclusus*, einen geschlossenen Garten, der die umgebende Landschaft nicht in die Gestaltung einbezog.

MESSKIRCH (SIG)

Experiment *Campus Galli*

Wer ins 9. Jahrhundert zurückkehren und dort hautnah erleben möchte, was es mit dem *Sankt Galler Klosterplan* wirklich auf sich hat, für den bietet sich eine einzigartige Chance: Er besucht den *Campus Galli* bei Meßkirch. Einige Kilometer nördlich der Stadt entsteht seit wenigen Jahren der originalgetreue Nachbau des Sankt Galler Klosterplans. Ganz der mittelalterlichen Tradition folgend, wurde am 1. August 2012 anhand der ersten Strahlen der aufgehenden Sonne die Baulinie der Klosterstadt bestimmt. Anschließend begannen Handwerker, den Wald zu roden und erste Bauhütten für die am Bau beteiligten Menschen zu errichten. Dabei kommen so weit wie möglich Methoden und Materialien der damaligen Zeit zum Einsatz. Natürlich gehört auch die Infrastruktur einer solchen Baustelle dazu. Genau so, wie es der Klosterplan vorsieht.

Gärten waren ein wichtiger Bestandteil des Lebens unserer Vorfahren im Mittelalter. Dabei orientierten sie sich an Erfahrungswerten. Welche Pflanzen wurden wie angebaut? Was bedeu-

Heilkräutergarten mit überlieferten Arzneipflanzen

tete es damals überhaupt, einen Garten zu pflegen? Tagsüber liefen Haustiere über das Areal, und nachts trieben womöglich Wildtiere ihr Unwesen. Eine echte Herausforderung, die auf dem Land noch bis ins beginnende 20. Jahrhundert bestand. Auf dem *Campus Galli* erhält man anschauliche Antworten nicht nur auf diese Fragen.

Anders als im *Hortulus* [→ Siehe S. 27 – Reichenau] oder im *Patriziergarten* [→ Siehe S. 28 – Narren- bzw. Arenenberg] sieht der Besucher in Meßkirch einen ganzheitlichen Geschichtsgarten, der einem ständigen Wandel unterworfen ist. Wo hat man sonst die Chance, den vor Ort arbeitenden Menschen alle Fragen zu stellen, die einem durch den Kopf gehen? Besser kann die Vermittlung von historischem Gartenwissen nicht funktionieren!

Das Original des Klosterplans ist übrigens in einem UNESCO- Weltkulturerbe, dem Stiftsbezirk von Sank Gallen, zu bewundern. Er bildet den Höhepunkt der neuen Dauerausstellung *Das Wunder der Überlieferung – Der St. Galler Klosterplan und Europa im frühen Mittelalter.* Unbedingt sehenswert!

www.campus-galli.de
www.stiftsbezirk.ch

REICHENAU (KN)
Der Hortulus des Walahfrid Strabo

Walahfrid Strabo (um 808 bis 849) – sein Name und Werk bleiben wohl auf alle Ewigkeit das vielleicht wichtigste Bindeglied zwischen der (spät-)antiken Gartenkultur und der Gegenwart.

Am Bodensee geboren und schon als Kind dem Kloster Reichenau anvertraut, erhielt er seine Erziehung in Fulda und diente anschließend am Aachener Hof Kaiser Ludwigs des Frommen (813–840) in verschiedenen hohen Funktionen. *Strabo* (oder *Strabus*), sein Nachname bedeutet übersetzt *Schieler*, litt immer unter großem Heimweh nach dem See, sodass ihm der Kaiser schließlich die Abtswürde auf der Reichenau verlieh. Der Konvent des Klosters widersetzte sich, und Walahfrid musste die Reichenau erneut verlassen, bis es schließlich zu einer Einigung kam. In seinem abwechslungsreichen Leben schuf Strabo mehrere Werke, unter denen der *Hortulus* wohl das berühmteste ist.

Abendstimmung im Reichenauer Klostergarten des Walahfrid Strabo

Dabei handelt es sich im Grunde um einen mittelalterlichen Gartenratgeber, den er seinem Freund und Lehrer Grimald(us) widmet, der unter anderem Abt von Sankt Gallen war. In 23 Strophen beschreibt Strabo 24 Heil- und Zierpflanzen. Darin geht Walahfrid nicht nur auf deren Nutzen, sondern auch auf die wetter- oder jahreszeitlich bedingten Umstände des Gartenbaus ein. Auch die Mühen, die Freude und die Entspannung, die ein Garten bringen kann, bleiben nicht unerwähnt. Strabo greift für seinen *Hortulus* offensichtlich auf die Pflanzen der *Landgüterverordnung* Karls des Großen zurück. Der *Sankt Galler Klosterplan* wiederum scheint sich am *Hortulus* zu orientieren.

Eine ausführlich beschriebene Rekonstruktion des *Gärtleins* befindet sich nördlich des Reichenauer Münsters innerhalb der alten Klostermauern und zieht Garteninteressierte aus nah und fern an. Die Klosterinsel und ihre Museen sind das dritte UNESCO-Welterbe am Bodensee, das eine enge Verbindung zum Gartenthema besitzt. Walahfrid und sein Werk stehen nicht umsonst Pate für den Verein Bodenseegärten, der rund um den See ein Netzwerk für Parks und Gärten bildet.

www.reichenau-tourismus.de

NARREN- ODER ARENENBERG (TG)
Ein Lustgarten für Ursulinen von Tettikoven

Schon im Mittelalter schätzten Besucher den Bodensee als parkartige Landschaft und hoben die Schönheit und Bedeutung seiner Gärten hervor. So schreibt z. B. Dietrich von Nieheim (1345–1418), ein päpstlicher Beamter, auf dem Konstanzer Konzil: *Außerhalb [der Stadt] und in der Nähe derselben sind große Weingärten, Felder, Gärten, Wiesen und Wälder, durchweg ein Land, auf dem der besondere Segen Gottes zu ruhen scheint.*

Und Ulrich Richental (1360–1437), der Konzilschronist, ergänzt: *Inzwischen [1415] dauerte das Konzilium in Ruhe und Eintracht weiter und die Fremden waren [absolut] sicher [...]. Die geistlichen Herren gingen [zur Entspannung] spazieren, in welchem Garten sie auch immer wollten, und niemand wehrte es ihnen.*

Ob sie wohl auch den Narrenberg besuchten, jenen ca. 10 Kilometer westlich von Konstanz im Thurgau gelegenen Landsitz?

Er gehörte in dieser Zeit Hans Fry(g) (Lebensdaten unbekannt), einem vermögenden und einflussreichen Kaufmann, der den *Lustgarten* etwas später an seinen Schwiegersohn Heinrich von Tettikoven (Geburtsdatum unbekannt, gestorben 1439), Altbürgermeister von Konstanz und reicher Tuchhändler, verkaufte. Sehr zur Freude von dessen zweiter Frau Ursulinen Fry(gi-nen). Beide Familien besaßen auch repräsentative Stadtsitze, die ebenfalls über Gärten ver-fügten. Die Tettikovens stammten ursprünglich aus dem Thurgau, wo es noch heute ein Dorf gleichen Namens gibt und die Ruine ihres Stammsitzes besichtigt werden kann. Bei Weitem war das aber nicht deren einziger Besitz.

Der Narrenberg, heute heißt er Arenenberg, liegt auf dem Seerücken zwischen Ermatingen (TG) und Mannenbach (TG) mit herrlicher Aussicht über den Untersee. Damals bestand er aus mehreren Häusern und Höfen mit Wein- und Baumgärten, einem *Lustgärtlein* und Fischereirech-ten im See. Schon die Römer hatten hier gesiedelt, in welcher Form, ist allerdings unbekannt.

Wie dieses *Lustgärtlein* aussah, lässt sich anhand von Quellen nicht belegen. 2014, zum 600. Jubiläum des Konstanzer Konzils (1414–1418), baute das *Napoleonmuseum* im Rahmen der heutigen *Arenenberger Gartenwelt* eine freie Rekonstruktion des spätmittelalterlichen Gärtchens. Die Wissenschaftler und Gartenbauer bezogen sich dabei auf die Ideen des Albertus Magnus [→ Siehe S. 24 – Einleitung], der auch in Steckborn, einem Städtchen unweit des Arenenbergs, tätig gewesen war: Rasen aus blühenden Gräsern, darum herum Beete mit Duftkräutern, Ra-senbänke und in der Mitte eine gefasste Quelle. Der Brunnen diente zur Bewässerung des Gar-tens, aber stand auch als Symbol für den geheimsten Teil des Paradieses. Ein abgegrenzter Teil nimmt Bäume und einen kleinen Nutzgarten mit Hochbeeten auf.

www.napoleonmuseum.ch

Im Arenenberger Patriziergarten

Auf den Spuren der Antike – Gärten der Renaissance (auch *Italienische Gärten*)

Es hätte nur wenig bedurft, und die ersten Gärten der Renaissance wären vielleicht am Bodensee entstanden. Während des Konstanzer Konzils (1414–1418) gingen ungezählte Frühhumanisten auf die Suche nach Texten aus der Antike und ihrer Baumeister. Und sie wurden fündig! Poggio Bracciolini (1380–1459) zum Beispiel, einer der bekanntesten Humanisten seiner Zeit, machte sich rings um den See auf Bücherjagd und war verschiedentlich erfolgreich. In der Bibliothek des Klosters Sankt Gallen etwa fand er 1416 eine der wenigen Handschriften des einzigen erhaltenen antiken Werks über Architektur: *De architectura libri decem/Zehn Bücher über Architektur*. Die Schrift stammt aus der Feder des römischen Architekten Marcus Vitruvius Pollio (kurz Vitruv; um 81 vor Christus bis ca. 15 vor Christus) und bildet auch die Basis für die Wiederentdeckung und Weiterentwicklung der antiken Gartenkunst.

Leider fand Poggio das Manuskript nicht nur, sondern er nahm es ohne Wissen der Besitzer auch gleich mit. Als Entschuldigung führte er an, er habe den Schatz nicht in einer schönen und wohlgeordneten Bibliothek gefunden, sondern halb verschimmelt im dunklen und verstaubten Keller eines Turmes. Sollte das stimmen, verwundert es nicht, dass die Gartenkunst der Renaissance an einem anderen Ort ihren Anfang nahm. Verbannten die Mönche vom Bodensee ihre antiken Schriften absichtlich? Hielt man deren Inhalt für ein Werk des Teufels?

In den sanften Hügeln der Toskana

Südlich der Alpen waren die Menschen schon weiter. Dort führen die Spuren der Renaissance-gärten bis ins 14. und beginnende 15. Jahrhundert zurück. Die liebliche Landschaft der Toskana forderte es geradezu, dem Molloch der stinkenden, lauten und gefährlichen Stadt des Mittelalters die Idee eines *locus amoenus*, eines von der Natur umgebenen lieblichen Platzes entgegenzustellen und damit auf keinen Geringeren als den berühmten Vergil (eigentlich Publius Vergilius Maro, 70 bis 19 vor Christus) zurückzugreifen. Leon Battista Alberti (1404–1472) fasste nach dem Vorbild Vitruvs und anhand der *Villenbriefe* Plinius' des Jüngeren (um 61 bis ca. 113 nach Christus) die Architekturtheorie der Renaissance zusammen. Seine Schrift *De re aedificatoria libri X/10 Bücher über das Bauwesen* entstand von 1443 bis 1452 und lag seit 1485 in

Konstanz und der gartenreiche Thurgau im 15. Jahrhundert

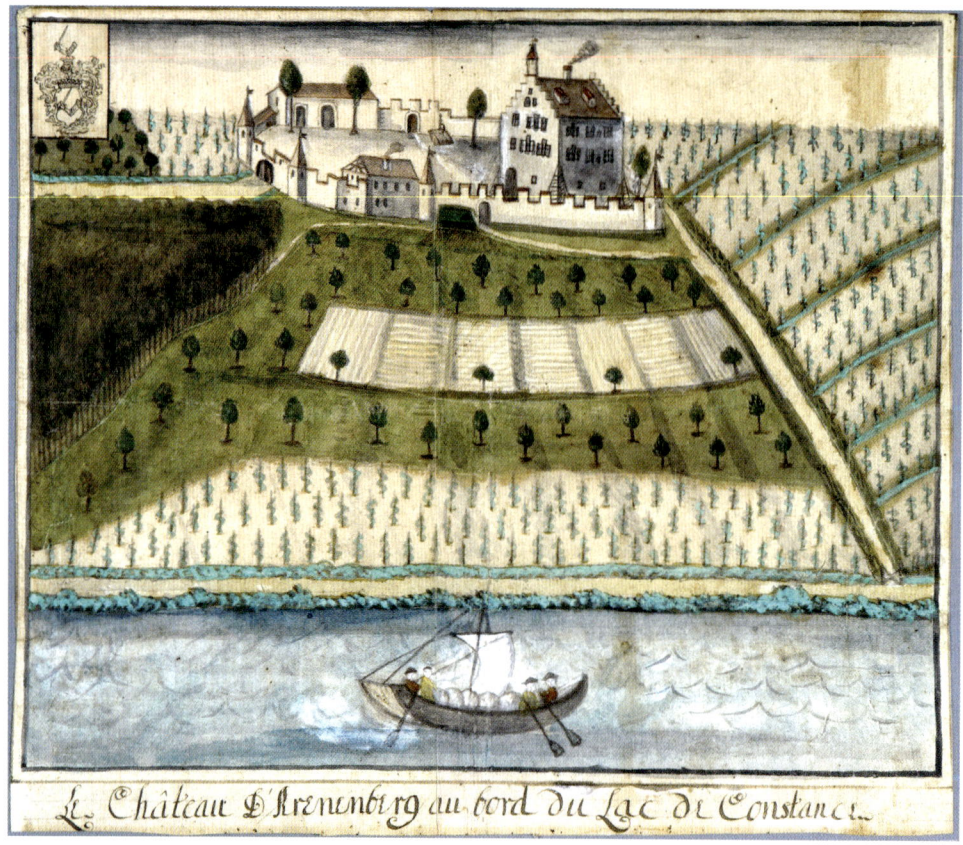

Le Château D'Arenenberg au bord du Lac de Constance

Schloss Arenenberg und sein Renaissancepark

gedruckter Form vor. Darin fordert er, dass Haus und Garten eine Einheit bilden und am besten auf einem Hügel mit weiter Aussicht gebaut werden sollten. Alberti fügte Schmuckelemente wie Grotten, Skulpturen und Weinlauben ein und ornamental und figural geschnittene immergrüne Pflanzen. Wie schon im Mittelalter bestand eine Trennung zwischen dem Privatgarten des Besitzers, einem Obst- und Gemüsegarten und einem Waldgarten, der auch zur Jagd diente. Mit Ausnahme des Waldes war alles streng geometrisch geordnet, wobei das Quadrat die vielleicht wichtigste Rolle spielte. Basierend auf der Antike entwickelten sich im Laufe der Zeit drei Typen von Villen mit entsprechenden Gärten: das Stadtpalais mit einem kleineren (noch) ummauerten Garten, die sogenannte *villa urbana*. Die *villa suburbana* stand mit ihrem Garten in der Nähe einer Stadt, diente aber nur für kurze Ausflüge. Schließlich gab es noch die *villa rustica*. Zu ihr gehörten Ziergärten, eine ausgedehnte Landwirtschaft und Jagd- bzw. Fischereireviere. Während die Pflege der Gärten den Angehörigen der Gärtnerzunft oblag, bildete die Planung der Villa und ihrer Anlagen eine Einheit. Sie lag in der Hand von Architekten.

Zurück an den Bodensee

Nur kurze Zeit später fanden sich die von Alberti formulierten Elemente eines Renaissancegartens auch am Bodensee. So verwundert es nicht, dass sich hier an vielen Orten sehr frühe Ansätze der Renaissance nachweisen lassen. 1462/63 entstand das Palais des Andreas Reichlin von Meldegg [→ Siehe S. 33 – Überlingen].

Für die weitere Gartenentwicklung im deutschsprachigen Raum wegweisend war die im Jahr 1522 veröffentlichte Schrift *Convivium religiosum/Das geistliche Gastmahl*. Erasmus von Rotterdam (um 1466 bis ca. 1536), der große humanistische Universalgelehrte, beschrieb darin den Übergang vom *Hortus conclusus*, dem ummauerten (Kloster-)Garten, zum offenen, mit der Natur verschmelzenden weltlichen Renaissancegarten. Im gleichen Jahr hielt sich Erasmus übrigens in Konstanz auf und nahm regen Anteil am dortigen Humanistenkreis. Kurze Zeit später ließ der Patrizier Sebastian (von) Gaisberg auf dem nahen Narrenberg anstelle des mittelalterlichen Gartens [→ Siehe S. 28 – Arenenberg] ein neues Schloss mit Lustgarten anlegen.

Original erhalten haben sich keine der Gärten aus dieser Zeit. Auch nicht in Italien. Nach der Beseitigung von Überformungen späterer Jahrhunderte existieren heute aber wieder freigelegte und rekonstruierte Anlagen, die dem Stil der Renaissance huldigen.

ÜBERLINGEN (FN)

Die hängenden Gärten des Herrn Reichlin von Meldegg

Andreas Reichlin von Meldegg (um 1402 bis 1470) muss eine besondere Persönlichkeit gewesen sein. Schon als sehr junger Mann verkehrte er mit den auf dem Konstanzer Konzil (1414–1418) versammelten Frühhumanisten. Während seines Studiums in Padua freundete er sich mit dem berühmten Humanisten und Kirchenlehrer Nikolaus von Kues (1401–1464) an, über den er auf dem Konzil von Basel (1431–1449) Enea Silvio Piccolomini (1405–1464) kennenlernte, der später als Papst Pius II. in die Geschichte einging und als dessen Leibarzt er zeitweise fungierte. Ab 1462/63 errichtete sich Reichlin von Meldegg in Überlingen ein beeindruckendes Renaissancepalais. Dabei orientierte er sich an den Schriften des Leon Battista Alberti (1404–1472) und am *Palazzo Piccolomini* in Pienza.

Diese Aussicht besaß der Reichlin'sche Garten schon im 15. Jahrhundert.

Beide Gebäude besitzen einen sogenannten *Hängenden*, sprich *terrassierten Garten* mit einer traumhaften Aussicht in die Landschaft. Was für Pienza die toskanische Landschaft, sind in Überlingen der Bodensee und der Bodanrück.

Wie der originale Garten des 15. Jahrhunderts ausgesehen hat, lässt sich heute nur noch erahnen. Stiche aus dem 17. Jahrhundert zeigen eine typisch geometrische Anlage nach italienischem Muster.

Der heutige *Museumsgarten* besticht durch seinen alten Baumbestand und die überwältigende Aussicht auf Überlingen und den gleichnamigen Teil des Sees. Er besitzt einen geometrischen Grundriss, der entfernt an die Renaissance erinnert. Im 21. Jahrhundert spielen Hortensien eine besondere Rolle. So entsteht eine individuelle Oase der Ruhe.

Welche Pflanzen in solchen Gärten um 1594 vielleicht sonst noch vorhanden waren, erschließt sich aus dem kostbaren *Herbarium* des Überlingers Hans Jakob Han (um 1564 bis ca. 1616), das im *Stadtmuseum* gezeigt wird. Es handelt sich um das älteste deutsche Apothekerherbarium und enthält viele Pflanzen aus dem heute verschwundenen Garten des Apothekers. Andere sammelte er auf seinen Wanderungen durch das gesamte Bodenseegebiet.

www.ueberlingen-bodensee.de/museumsgarten

Etwas von Überlingen entfernt, in Neufra-Riedlingen (BC), wurden die dortigen *Hängenden Gärten* aus dem späten 16. Jahrhundert nach zeitgenössischen Quellen rekonstruiert. Eine beeindruckende Anlage, die kein Gartenliebhaber verpassen sollte.

www.haengegarten.de

KARTAUSE ITTINGEN, WARTH (TG)
Einst stille Welt der Kartäuser

1461, also fast zur gleichen Zeit, als in Überlingen am nördlichen Bodenseeufer das Renaissancepalais des Andreas Reichlin von Meldegg entstand, übernahm der Kartäuserorden im

Pflanzen- und Kräuterbuch des Überlinger Apothekers Hans Jakob Han

Die Ittinger Gärten sind eine Symbiose aus rekonstruierter Vergangenheit und moderner Gartenkunst

südlichen Hinterland des Sees ein heruntergekommenes und teilweise zerstörtes Augustiner-kloster. Ittingen liegt auf dem Thurgauer Seerücken unweit von Frauenfeld (TG) und bestand zu diesem Zeitpunkt schon über 300 Jahre, hatte es aber nie zu besonderem Reichtum oder Ansehen gebracht. Warum die Kartäuser diesen Ort erwarben, bleibt weitgehend im Dunkeln.

Um die Geschichte der Ittinger Gärten zu verstehen, muss man wissen, dass Kartäuser ein Eremitenorden sind. Zwar leben die Patres in einem Kloster zusammen und pflegen gemein-sam mehrmals am Tag das Chorgebet, den größten Teil seines Lebens verbringt der Kartäuser aber in seiner Zelle. Dort isst er, dort studiert er und pflegt seinen eigenen kleinen Garten. Dieser liefert ihm seine Nahrung, denn Kartäuser sind Vegetarier. Ein Kartäuser verpflichtet sich zum Schweigen. Nur einmal in der Woche unterbrechen die Mönche diese Regel. Sie treffen sich dann zum Spazierengehen in der Natur. Eine wichtige Rolle spielt dabei der große Klostergarten.

1848 wurde Ittingen als Kloster aufgehoben und in ein landwirtschaftliches Mustergut um-gestaltet. 1977 übernahm eine Stiftung die Anlage und verbindet die Vergangenheit mit der Gegenwart. Neben Wirtschaftsbetrieben, zu denen auch ein Hotel und Gastronomie zählen, beherbergen die einstigen Klostergebäude das Kunstmuseum und das Ittinger Museum des Kantons Thurgau. Besonders in Letzterem kann das Leben im Kloster anschaulich nachvoll-zogen werden.

Über die historischen Gärten selbst sind kaum Schriftquellen erhalten geblieben, Abbil-dungen der Kartause bieten aber reiches Anschauungsmaterial. Darauf erkennt man zum Beispiel, dass auch die kleinen Mönchszellen ornamental gestaltete *Gärtlein* besaßen. Der rekonstruierte Mustergarten einer solchen Zelle orientiert sich am *Sankt Galler Klosterplan*, der *Landgüterverordnung* Karls des Großen und am *Hortulus* von Walahfrid Strabo [→ Siehe S. 26f. – Meßkirch/Reichenau].

Das *Thymian-Labyrinth* oder die *Heilpflanzen-, Wein-, Hopfen-* und *Obstgärten* greifen ideell alle auf historische Spuren zurück. Besonders berühmt ist der Rosengarten. Mit über 1000 Pflanzen und mehr als 200 Sorten ist er die größte Sammlung historischer Rosen der Schweiz.

www.kartause.ch
www.kunstmuseum.tg.ch

Symmetrie, wohin das Auge reicht – Gärten des Barocks und Rokoko (auch *Französische Gärten*)

W oran mag es wohl liegen, dass es rings um den See kaum große Gärten aus dem 17. und 18. Jahrhundert gibt? Ausgerechnet in einer Landschaft, die sich – so könnte man meinen – dem Barock geradezu verschrieben hat. Wer auf den unterschiedlichen Routen der *Oberschwäbischen Barockstraße* unterwegs ist, spürt noch heute die in der Region vielfach gegenwärtige pralle Lebenslust dieser Zeit. Warum also keine unermesslich-überbordenden Gärten wie in Versailles, Nymphenburg, Veitshöchheim, Ludwigsburg oder in Schwetzingen?

Etwas fehlt

Die Antwort auf diese Frage findet sich – wie so oft – in der Geschichte. Am Bodensee mangelt es schlicht an bedeutenden Feudalfürsten und vor allem an deren prunkvollen Residenzschlössern.

Sie sind aber der Hauptbezugspunkt für einen Barock- und Rokokogarten. Alles richtet sich darin auf das majestätische Gebäude im Mittelpunkt aus und strebt danach, die Rolle seines fürstlichen Bewohners aus der Normalität des Lebens deutlich herauszuheben. Am See gab es nur wenige Fürsten. Den Fürstbischof von Konstanz mit seiner Residenz in Meersburg (FN) [→ Siehe S. 40 – Meersburg] zum Beispiel. Dann natürlich den Fürstabt von Sankt Gallen (SG) oder den Landkomtur der Deutschordensballei Schwaben-Elsass-Burgund in Altshausen (RV). Auch der Abt von Salem (FN) [→ Siehe S. 44 – Salem] sollte nicht vergessen werden. Er war zwar rein rechtlich gesehen kein Fürst, präsentierte sich aber auch ohne formalen Titel so. Mit der Aufhebung der Klöster und dem erzwungenen Untergang des Bistums Konstanz verloren deren Besitzungen an Bedeutung, und damit verschwanden auch ihre Lustgärten. Erst in jüngerer Zeit besinnt man sich dieser großen Tradition und versucht, mit Rekonstruktionen einen Eindruck der ursprünglichen Pracht zu vermitteln.

Fortführung der Renaissance

Der Barockgarten führte die Tradition der Renaissance konsequent weiter. Symmetrie und Geometrie bestimmten die Beetstruktur, Grotten und Labyrinthe gehörten genauso zur Ausstattung wie mechanische Wasserspiele und die in raffinierten Formen und Figuren geschnittenen Pflanzen. Neu war, dass sich alle Blickachsen auf das Schloss des Herrschers ausrichteten und die umgebende Landschaft bewusst in die Architektur der gesamten Anlage miteinbezogen wurde. Die Gärtner folgten den Grundsätzen des Absolutismus und versuchten, die Natur der scheinbaren Allmacht des Fürsten zu unterwerfen.

André Le Nôtre (1613–1700) und Antoine Joseph Dézallier d'Argenville (1680–1765) hießen die beiden wichtigsten Vertreter des neuen Stils. Dézallier d'Argenvilles Œuvre *La théorie et la pratique du jardinage/Theorie und Praxis des Gartenbaus* (1709) erschien in mehreren Auflagen und nahm beständig die jeweils aktuellen Neuerungen in der Gartenkunst auf. So entwickelte es sich zum Standardwerk für Gärtner und Architekten in ganz Europa.

Im Zentrum das Barockgartens stand das sogenannte *Parterre* mit seinen ornamental ausgeführten Beeten. Daneben fanden sich oft geometrische Alleen oder Boskette (eine Art von Wäldchen), die etwas mehr Privatsphäre erlaubten. Dies änderte aber nichts an der Tatsache,

Barockanlage des fürstbischöflich-konstanzerischen Schlosses von Hegne (KN)

dass Barockgärten als eine riesige Bühne dienten, auf der sich die Angehörigen des Hofes wie Darsteller in einem Theaterstück bewegten.

Aber die Zeiten änderten sich bald schon wieder. Zu Beginn des 18. Jahrhunderts entwickelte sich aus den großformatigen Anlagen des Barocks die intimere Form des Rokokos. Sie verzichtete meist auf zentrale Sichtachsen und überdimensionale Grundrisse. An die Stelle von mythologischen Figuren traten nun heitere Putti oder Bacchanten. Auch sie entsprachen dem Lebensgefühl der Zeit – ganz wie die prächtigen Kirchen und Kapellen rings um den See. Ein schönes Beispiel für diese Form ist der kleine Garten des Neuen Schlosses [→ Siehe S. 40 – Meersburg] mit seinem Lustpavillon.

BISCHOFSZELL (TG)

Die schöne Rosenstadt

Bischofszell ist zauberhaft. Kein Wunder also, dass seine Bürgerinnen und Bürger den Königinnen aller Blumen huldigen. Nur Rosen sind dieser entzückenden Stadt würdig.

Sie gehörte einst den Bischöfen von Konstanz und hat sich bis heute ein wunderschönes Aussehen bewahrt. Egal wo man sich bewegt, überall bilden das mittelalterlich-barocke Stadtbild und Blumen eine Symbiose. Waren es vielleicht die Fürstbischöfe selbst, die – ganz der Repräsentation verpflichtet – eine Rose zum Wahrzeichen der Stadt erhoben? Wer weiß.

Schon zu Beginn des 18. Jahrhunderts lässt sich Bischofszell als *Rosenstadt* belegen. Seit dieser Zeit verleihen zahlreiche kleine Barockgärten und repräsentative Stadtpalais wie das Rathaus der Gemeinde ihre einzigartige Pracht.

Eine Tradition, die fast in Vergessenheit geraten wäre. Aber vor nicht ganz 20 Jahren sammelte ein Herr mit dem verantwortungsschweren Namen *Bischof* eine beherzte Gruppe von Bürgern und brach mit ihnen zu neuen Ufern auf. Die erste *Bischofszeller Rosenwoche* (immer Ende Juni/Anfang Juli) war geboren, und die vergangene Pracht kehrte wieder an die Thur

Der Konstanzer Fürstbischof Franz Konrad von Rodt (1706–1775) vor seiner Meersburger Residenz

Der Barocke Rosengarten im Spätsommer

zurück. Seitdem entstanden viele neue Rosengärten, die Besucher in ihren Bann ziehen. Der *Barocke Rosengarten* ist nur ein Beispiel von vielen. Hier vermischen sich geschickt historische und moderne Elemente.

Apropos *Thur*. Bischofszell ist nicht nur faszinierende Rosen-, sondern auch *Brückenstadt*. Südwestlich des Zentrums überspannt eine 116 Meter lange steinerne Brücke aus dem Mittelalter mit acht Jochen das Flussbett der Thur. 1487 durch einen Konstanzer Bischof vollendet, verhalf sie Bischofszell zu Reichtum als Umschlagplatz für Waren im Fernhandel. Das Bauwerk wurde längst vom Verkehr befreit und bildet heute das Zentrum einer wildromantischen parkähnlichen Flusslandschaft, deren Ufer von privaten Gärten gesäumt werden. Ihre Gestaltung orientieren sich oft an den Stilformen der Gegenwart [→ Siehe S. 78 – Einführung]. Dazu gibt es noch den Industrielehrpfad. Bischofszell ist ein Gesamtkunstwerk, das Geschichte, Natur und Technik verbindet.

www.bischofszell.ch
www.bischofszellerrosenwoche.ch

Die mittelalterliche Thurbrücke überspannt eine Auenlandschaft

MEERSBURG (FN)
Lust der Fürstbischöfe

Obwohl die Fürstbischöfe von Konstanz permanent unter Geldnot litten, schmiegt sich an die steilen Felsen von Meersburg eine mehr als prachtvolle Residenz. In Auftrag gegeben hatte sie Fürstbischof Johann Franz von Stauffenberg (1658–1740), der zu seinem Schloss natürlich auch einen standesgemäßen Lustgarten benötigte. Die Pläne dazu lieferte wohl sein Baumeister Johann Christoph Gessinger (um 1670 bis 1734), der sie anfangs auch umsetzte. Ursprünglich mit Boskett, Orangerie und Blumenparterre ausgestattet, verfügte die Anlage über alle typischen Merkmale eines fürstlichen Gartens des 18. Jahrhunderts. Wie rund 250 Jahre früher in Überlingen [→ Siehe S. 33 – Überlingen] entstand ein *Hängender Garten*, der bis heute die enge Verbindung zwischen der Renaissance und dem Barock zeigt.

Eigentlich wollte Johann Franz sein repräsentatives Schloss mit Park im Bischofssitz Konstanz selbst errichten, aber die Konstanzer erkannten einmal mehr nicht die Zeichen der Zeit und verweigerten dem Oberhirten ihres Bistums eine repräsentative Liegenschaft. So entschied sich Johann Franz für einen Neubau in Meersburg, der sich sehen lässt.

Der Garten war wohl 1712 fertiggestellt. Gessinger konzipierte seine Grünflächen auf zwei Terrassen, die untere versah er mit einem ovalen Pavillon, einem Lusthäuschen, das noch heute die Besucher begeistert. Seine Orangerie wurde bereits 1741 wieder beseitigt. Weitere Zier- und Nutzgärten existierten um das östlich vom Schloss gelegene Priesterseminar. Sie fielen aber dem ca. 1760 erfolgten Neubau des Reithofes zum Opfer.

Entscheidenden Einfluss auf die heutige Bau- und Gartensituation übten die Um- und Ausbaupläne des genialen Würzburger Baumeisters Balthasar Neumann (1687–1753) aus. Neumann plante für das neue Schloss nicht nur das Treppenhaus und die Schlosskirche, sondern auch einen Gartensaal, dessen Mittelachse auf den Konstanzer Dom ausgerichtet ist.

Dieser Intention hatte sich auch der barocke Lustgarten unterzuordnen. Ursprünglich stellte er eine Verbindung zur nur wenige Schritte westlich gelegenen mittelalterlichen *Burg Meersburg* dar (hier residierten die Bischöfe während der Reformation). Nun richtete sich der Garten auf die zum katholischen Glauben zurückgekehrte Bischofsstadt Konstanz aus. Ein Inventar aus dem Jahr 1740 liefert Hinweise zu den verwendeten Pflanzen. Genannt werden *Zitronen- und Pomeranzenbäume, Feigen, Granatäpfel, Oliven, Muskat, Lorbeer, Buchs und viele andere Gewächse.* Die heutigen Gartenflächen wurden durch die *Staatlichen Schlösser und Gärten Baden-Württemberg* in Anlehnung an ihr barockes Aussehen neu gestaltet.

Das vom Schloss etwas entfernt gelegene bischöfliche Gartenhäuschen bewahrte sich hingegen seine ursprüngliche Umgebung. Um 1600 durch den Konstanzer Domherrn und späteren Fürstbischof Jakob Fugger (1567–1626) erbaut, lag und liegt es immer noch inmitten fruchtbarer Rebhänge und besticht mit seiner Panoramaaussicht über den See und weit über sein südliches Vorland, den sprichwörtlichen Gartenkanton Thurgau hinaus, bis in die Alpen. Dem Ideal des Landschaftsgartens [→ Siehe S. 46 – Einleitung] folgend, kreieren Pappeln Sichtachsen, die den Blick der Besucherinnen und Besucher in die Ferne leiten.

Später gehörte das kleine Haus der Dichterfürstin Annette von Droste-Hülshoff (1797–1848). Ihr ist darin ein sehenswertes Museum gewidmet. Woher der heutige Name *Fürstenhäusle* stammt, sei dahingestellt.

Gäbe es sie noch, würden die *Fürstbischöfe* hoffentlich bescheiden hinter die *Dichterfürstin* zurücktreten.

www.neues-schloss-meersburg.de
www.fuerstenhaeusle.de

Die prunkvolle bischöfliche Residenz Meersburg und ihr Parterre

Das bezauberndste Lusthäuschen am See

Meßkirch: Original erhaltene Wegführung, gesäumt von ausgewachsenen Linden aus der Barockzeit

MESSKIRCH (SIG)

Vom erstaunlichen Hofgarten

Obwohl Schloss Meßkirch bereits 1557, also mitten während der Renaissance, gebaut wurde, stammt der dazugehörige Hofgarten aus der Zeit des Barock. Den Plan dazu lieferte kein Geringerer als der Baumeister des Deutschen Ordens, Johann Caspar Bagnato (1696–1757). Bagnato, der auch für das Schloss auf der Mainau [→ Siehe S. 64 – Mainau], das Rathaus in Bischofszell [→ Siehe S. 37 – Bischofszell] sowie das Priesterseminar in Meersburg [→ Siehe S. 40 – Meersburg] verantwortlich zeichnete, konzipierte einen französischen Garten *par excellence*. Deutlich erkennt man noch heute die barocken Gartenelemente: das *Parterre* (niedrig bepflanzter Garten), das *Bosquet* (geometrisch angeordnetes Wegesystem/Alleen, die an einem Punkt zusammenlaufen) und den *Bosco* (Wald).

Anders als beim Parterre in Meersburg handelte es sich aber hier nicht mehr so sehr um einen Ausdruck von Herrschaft (auch über die Natur), sondern mehr um eine *Kulisse, die der Zerstreuung* diente, um einen Lust- oder Hofgarten mit kleinen Räumen, in die sich die Angehörigen des Hofes zurückziehen konnten. Also um eine Spielform oder Weiterentwicklung des Barocks, den Rokoko. Bagnato setzte sie konsequent um und ließ den Garten mit über 300 Linden bepflanzen, von denen heute noch 34 stehen.

Hier liegt der besondere Reiz der Anlage. Im Vergleich zu vielen anderen historischen Gärten blieb der Meßkircher Hofgarten in seiner barocken Gesamtstruktur weitgehend original erhalten. Zwar ist er nicht mehr in typisch barocker Manier gepflegt, *Parterre*, *Bosquet* und *Bosco* lassen sich aber noch gut erkennen. Wege, Sichtachsen und ihre Bezüge zum Schloss bzw. zur umgebenden Landschaft sind offensichtlich. Der historische Baumbestand führte auch dazu, dass der Garten bereits 1939 als *Naturdenkmal* unter Schutz gestellt wurde. Heute nimmt er außerdem die Stellung eines *Baudenkmals* von besonderer nationaler kultureller Bedeutung ein.

www.schloss-messkirch.de

SALEM (FN)

Zisterzienser ohne gewohnte Bescheidenheit

Während des Mittelalters zählte Salem zu den größten und reichsten Zisterzienserklöstern des Bodenseegebiets und seines Umlands. Der Konvent besaß sogar den Status einer Reichsabtei und unterstand direkt dem Kaiser. Aufgrund eines päpstlichen Dekrets hatte auch der Bischof von Konstanz, in dessen Diözese das Kloster lag, kaum Einfluss auf die Mönche. Diese bauten ein umfangreiches eigenes Territorium auf und häuften dabei einen mehr als beachtlichen Kirchenschatz an. Salem stand an der Spitze der Bodensee-Klöster.

Dem Glanz folgten katastrophale Zeiten des Niedergangs. Ein Brand im Jahr 1697 hätte beinahe das endgültige Aus bedeutet. Nur das gotische Münster, die Bibliothek und das Klosterarchiv blieben weitgehend verschont. Aber die Zisterzienser ließen sich nicht entmutigen. Trotz einer desaströsen Finanzlage kam nur ein Wiederaufbau mit dem wohl besten Architekten der Zeit in Frage. Der Vorarlberger Baumeister Franz Beer (1660–1726) legte ehrgeizige Pläne vor. Anstelle einer herkömmlichen Abtei sollte eine Symbiose aus Kloster und Residenzschloss entstehen. Obwohl sie nie offiziell den Titel eines Fürstabtes erlangten, regierten die Äbte mindestens genauso souverän wie ein wirklicher Fürst. Entsprechend gestalteten sie ihr Kloster als Residenz aus. Repräsentativ und herrschaftlich mit einem prunkvollen Kaisersaal. Ein standesgemäßer Garten, der sich in viele unterschiedliche Bereiche gliederte, durfte dabei natürlich nicht fehlen. *Der Abbtey Lust-, Baum- und Kuchelgarten*, wie ihn die Zeitgenossen nannten, entstand. Erstaunlich für einen Orden, der zumindest im Bauen der Bescheidenheit verpflichtet war.

Bewusst griffen die Zisterzienser dabei auf das große Wissen ihrer Mitbrüder in Sachen Landwirtschaft und Gartenbau zurück. Dem Zeitgeist aufgeschlossen, kultivierten sie auch Pflanzen, die in der Bodenseeregion eigentlich nicht heimisch waren. Dazu traten Neuzüchtungen aus den Treibhäusern der klösterlichen Obstgärten.

Anders als in Meßkirch hat sich von der herrschaftlichen Gartenpracht des 18. Jahrhunderts leider nichts im Original erhalten. Im 19. Jahrhundert veränderten die Markgrafen von Baden, seit der Aufhebung des Klosters (1802) die neuen Besitzer, vieles und schufen Parklandschaften im englischen Stil. Ein wertvoller Baumbestand zeugt noch heute davon. In den 1990er-Jahren kam der Wunsch auf, die Wertigkeit eines französischen Gartens wieder stärker zu betonen. Anstelle des früheren *Kuchelgartens* entstand nach barocken Gestaltungselementen der heutige Hofgarten. Symmetrische Kieselwege, prächtige Blumenparterres und Heckenlabyrinthe begrüßen den Besucher nach seinem Eintritt und geleiten ihn durch die sehenswerte Anlage.

www.salem.de

TETTNANG (FN)

Fürstliche Pracht – Ruin für einen Grafen

Durchmisst sie oder er das Paradies auf Erden? Schon allein die Anreise lässt einem Naturliebhabenden das Herz aufgehen: Obst- und Gemüsegärten, dazwischen Felder des berühmten Tettnanger Spargels und Hopfens, blühende Blumen- und Streuobstwiesen und dann das mächtige, in der Tat *fürstlich* zu nennende Barockschloss mit seiner strahlenden Fassade, die an die leuchtende Sonne über dem See erinnert.

Man sollte sich nicht täuschen lassen – auch wenn es sich bei dem mittlerweile ausgestorbenen Geschlecht derer von Montfort »nur« um Grafen handelte, zählten ihre Angehörigen doch zum absoluten regierenden Hochadel. Die verschiedenen Zweige der Familie beeinflussten nicht nur die Geschichte des Bodensees nachhaltig. Oberschwaben, die ganze Ostschweiz, Liechten-

Neu gestaltete Symmetrie des Barocks in den Schlossgärten von Salem

stein und das Vorarlberg stehen mit ihnen in Verbindung. Nicht umsonst ist das Wappen des österreichischen Bundeslandes identisch mit demjenigen der Adelsfamilie.

Kein Wunder also, dass der Familie Montfort Repräsentation ein wichtiges Anliegen war. Segen und Fluch zugleich, sozusagen. Im 18. Jahrhundert überwog der Fluch. Der barocke Neubau des monumentalen *Neuen Schlosses* verschlang Unsummen, die Familie verpfändete sich. Dann brannte die gerade fast erst vollendete Anlage ab. Trotz bereits immenser Schulden beauftragte Graf Franz Xaver (1722–1780) nur die besten Kunsthandwerker der Region mit dem Ziel, sein Schloss noch herrschaftlicher wiederaufzubauen. Dazu gehörte selbstverständlich auch ein barocker Garten. Franz Xaver ließ ihn 1761 anlegen. Da es sich – soweit wir wissen – um eine relativ kleine Anlage handelte, holte sich der Graf den Garten in sein Schloss. Im Appartement für seine Frau befindet sich das sogenannte *Grüne Kabinett*. Dank seiner Stuckaturen und dem durchscheinenden Grün der Wände wirkt er wie ein Gartenpavillon. Für die Meisterschaft dieses Raumes zeichnet wie schon an vielen anderen Orten [→ Kißlegg → Meersburg → Salem] Joseph Anton Feuchtmayer verantwortlich.

Die ursprüngliche barocke Anlage ging im 19. Jahrhundert verloren. Heute erfreuen sich die Besucher an einer Neugestaltung der späten 1970er-Jahre, die sich an dem Werk *La théorie et la pratique du jardinage* des Franzosen Antoine-Joseph Dezallier d'Argenville (1608–1765) und an Pierre Michel d'Ixnards (1723–1795) [→ Salem] Entwürfen für Schlossgärten am Bodensee und in seiner Umgebung orientiert.

www.schloss-tettnang.de/erlebnis-schloss-garten/schloss-garten/garten

Revolution aus England – Der Landschaftsgarten (auch *Englische Gärten*)

D ie Idee des Landschaftsgartens stammte aus England und entwickelte sich in engem Zusammenhang mit der politischen Situation dort. Während auf dem Kontinent der Absolutismus und damit die Barockgärten in voller Blüte standen [→ Siehe S. 36 – Einleitung], kam es in England 1688 zu einer breit angelegten Revolution. Ein Jahr später gab es auf der Insel keinen absoluten Herrscher mehr. An seine Stelle trat die konstitutionelle Monarchie. Alles bisher Dagewesene wurde auf den Kopf gestellt. Das galt auch für den Gartenbau.

Zurück zur Natur

Geometrische Formen, beschnittene Pflanzen und eine künstliche Gartengestaltung standen schnell als Synonym für Unterdrückung und Vergewaltigung der Natur und damit auch des Menschen. Freiheit und Selbstbestimmung manifestierten sich nach Ansicht der *Modernisierer* nur in einem *natürlichen* Landschaftsbild, das als Inbegriff der göttlichen Schöpfung galt. Sie sollte hervorgehoben und – wenn möglich – sogar verbessert werden. Als Vorbild diente wieder Italien, dessen Landschaft als ideal angesehen wurde. Romantische Maler gewannen zunehmend an Einfluss; sie arrangierten die Gärten selbst als begehbare Landschaftsbilder. Anstelle von Alleen nutzten sie natürliche Landmarken der Umgebung, um die Blicke der Besucher in die Ferne zu lenken. Das Schloss oder Landhaus stand nicht mehr im Zentrum der Anlage. Die Wege führten geschlungen durch den Park und orientierten sich an ständig wechselnden Perspektiven in der Umgebung.

Wörlitz

1773 vollendete Fürst Leopold III. Friedrich Franz von Anhalt-Dessau (1740–1817) den wohl ältesten Landschaftspark des deutschsprachigen Raums. Die Vorstellungen des Adligen gingen aber über einen reinen Lustgarten weit hinaus. Er fasste Gartenkunst, Architektur und Landwirtschaft zusammen. Die Anlagen sollten der Bildung seiner Untertanen dienen, den Menschen zum Zentrum machen und als Mustergut von praktischem Nutzen sein. Wenige Jahre später, 1777, begann der Hofgärtner Friedrich Ludwig von Sckell (1750–1823) mit der Umgestaltung der Gartenanlagen von Schwetzingen. Ein Schritt, der auch die Entwicklung der Bodenseegärten beeinflussen sollte [→ Siehe S. 49 – Konstanz-Hinterhausen].

Der Grüne Fürst

Dass der Landschaftspark in seinen unterschiedlichen Ausformungen den prädestinierten Gartenstil für den See darstellt, erkannte wohl als Erster der preußisch-sächsische Schriftsteller und Gartenbauer Hermann von Pückler-Muskau (1785–1871). Im Rahmen seiner Jugendwanderungen durchstreifte er im Mai 1808 das Bodenseegebiet und hielt seine Eindrücke enthusiastisch fest:

Ich fand den Ort schöner noch, als ich erwartet hatte, und über alle Beschreibung hinreißend die Aussicht auf Konstanz, die drei Arme des Sees, die Menge der umliegenden Dörfer im Tal, und die weite mit Weinbergen und weißblühenden Obstbäumen bedeckte Gegend. Welch ein Elysium könnte mit geringer Beihilfe der Kunst […] geschaffen werden! Der schönste Wald aller Arten von Bäumen und Gesträuchen, ein wilder Bach, der schäumend hindurchrauschend bei jedem Absatz eine malerische Kaskade bildet, duftende Wiesen, Anhöhen und Täler, die prächtigen mit Efeu überzogenen Ruinen – alles hat die Natur in einen nicht allzu großen Raum gedrängt, und durch die herrlichsten Aussichten verschönert schon hergegeben.

Partie im Gof v. Thurn'schen Gut
50.

Partie im Konstanzer Landschaftspark des Grafen von Thurn-Valsassina

Nur eine geringe Unterstützung durch Menschenhände, und der schönste englische Garten wäre geschaffen, den zu sehen man vielleicht nachher hunderte von Meilen zurücklegen würde, da jetzt wenig Menschen nur die Existenz dieser herrlichen Gegend kennen.

INZIGKOFEN (SIG)
Fürstin Amélie setzt Maßstäbe

Fürstin Amélie-Zéphyrine von Hohenzollern-Sigmaringen (1760–1841) muss eine erstaunliche Frau gewesen sein.

Als geborene Prinzessin von Salm-Kyrburg entstammte sie einem alten Hochadelsgeschlecht des Heiligen Römischen Reiches, das seit dem 18. Jahrhundert in Paris ansässig war. 1782 heiratete die Prinzessin den Hohenzollern-Sigmaringischen Erbprinzen Anton-Aloys (1762–1832), zog mit ihm nach Sigmaringen (SIG) und brachte dort den erwarteten Thronfolger zur Welt. Da sich die Familienverhältnisse in der schwäbischen Provinz als sehr schwierig gestalteten, floh die junge Frau zurück nach Paris und lebte dort während des ausgehenden *Ancien Regime*, der gesamten Revolutionszeit und teilweise auch während des napoleonischen Kaiserreiches. Amélie freundete sich mit Rose de Beauharnais (1763–1814), der späteren Kaiserin Joséphine, an und kümmerte sich um deren Kinder aus erster Ehe: Eugène (1781–1814) beziehungsweise

Hortense (1783–1837). Zwischen den dreien entstand eine äußerst enge Beziehung, die ein Leben lang halten sollte. Die Fürstin verkehrte im Kreis der napoleonischen Familie und lernte dabei deren Schlösser, Parks und Gärten kennen.

Nach Sigmaringen zurückgekehrt, gestaltete sie für sich das oberhalb des Donautales gelegene ehemalige Augustinerinnenkloster Inzigkofen (SIG) zu einer angemessenen Schlossanlage um.

Darum herum legte sie einen Landschaftspark an, der im Bodenseegebiet Vorbildfunktion erhielt. Im Zentrum stand die natürliche Landschaft des Donautales. Die Fürstin inszenierte sie gezielt und erschloss die Ufer und Abhänge nördlich und südlich des Flusses mit teils atemberaubenden Spazierwegen und der spektakulären *Teufelsbrücke*. Sie schuf eine Eremitage und legte Rondelle, Aussichtskanzeln, Grotten sowie Denkmäler an. Dabei achtete sie stets auf die Prinzipien von Sichtachsen, die den Blick der Besucherinnen und Besucher in die nähere oder ferne Umgebung leiten. Besonders eindrücklich ist ihre Lindenallee. Heute zwar etwas eingewachsen, führt sie auf den nach der Fürstin benannten *Amalienfelsen* hoch über der Donau.

Kinder und Nachfahren von Fürstin Amélie erweiterten und verschönerten die mittlerweile 25 Hektar große Parkanlage. Jüngste *Folie*, wie die Franzosen Parkeinbauten zum Vergnügen nennen, ist eine 2019 eingeweihte Hängebrücke über die Donau.

Wer den Park heute besucht, erkennt schnell Parallelen zum *Garten der Welt* von Arenenberg und zur *Côte Napoléon* am Untersee [→ Siehe S. 55ff.]. Kein Wunder, denn quasioptische Sichtachsen verbinden die Parkanlagen an der *Oberen Donau* mit denen am *Westlichen Bodensee*.

Der steil aufsteigende Amalienfelsen hoch über der Donau

Mondäner Badepavillon im Park

KONSTANZ (KN)
Spurensuche im Park der heutigen Rosenau

Historische Gärten stecken voller Geheimnisse. Ihr heutiges Aussehen täuscht häufig und verdeckt nur den Blick auf die Vergangenheit. Wer genau hinsieht, entdeckt bald viele Hinweise, die bis ins Mittelalter zurückführen. Mit einer guten Portion Neugier wird der Besuch eines solchen Gartens zu einer Entdeckungsreise, die spannender nicht sein könnte. Virtuelle Spiele sind langweilig, bei einer Spurensuche in Parks und Gärten geht es um die Realität!

Eines der schönsten Beispiele ist der Garten des *Parkstifts Rosenau*:

Die wohl erste Bebauung auf der Liegenschaft bestand aus einem mittelalterlichen Gebäudeensemble mit Fischerei, Rebmannhaus und Schankwirtschaft. Zu ihr zählten Reben, eine Streuobstwiese und ein kleiner Bauerngarten mit einem Retirade-Häuslein. Im See davor existierten Pfähle zum Anbinden von Schiffen, die bei Nacht oder Sturm den Hafen von Konstanz nicht mehr erreichen konnten. Das sogenannte *Käntle* gehörte zu den beliebtesten Konstanzer Ausflugszielen.

Schilder mit dem Signet der Bodenseegärten helfen bei der Spurensuche

Auf den benachbarten Rebhängen schuf zu Beginn des 19. Jahrhunderts ein Adliger das sogenannte *Thurn'sche Gut*. Graf Johann Paul von Thurn-Valsassina (1770–1832) war eine besondere Persönlichkeit: Ab 1816 legte der Domherr des Bistums Konstanz direkt am See einen Landschaftspark an. Dabei orientierte er sich an den Anlagen des Schwetzinger Schlosses. Thurn stammte aus einer alten Thurgauer Familie und verkehrte in den höchsten Kreisen. Königin Hortense (1785–1837) und ihr Sohn, der spätere Kaiser Napoleon III. (1808–1873), besuchten ihn, René de Châteaubriand (1768–1848) und die schöne Juliette Récamier (1777–1849) schwärmten von seinem Landgut. Die Dichterfürstin Annette von Droste-Hülshoff (1797–1848) fertigte sogar einen Scherenschnitt davon an. Eine Art *öffentlicher* Erlebnispark muss es gewesen sein. Grotten, Tempel und Springbrunnen lagen darin. Aber auch eine künstliche Insel mit dem Landhaus des Grafen. Zur ihr gelangte man nur über eine Seilfähre.

Der Name *Rosenau* entstand erst 1857. Ein vermögender Privatier ließ die bestehenden Bauten außer der Retirade abreißen und eine repräsentative Villa im Stil der Neorenaissance errichten. Sie besaß einen kleinen Hafen und umfangreiche Gärten bzw. eine Englische Parkanlage.

Heute teilweise verwildert, zog sie sich entlang des Sees Richtung Stadt hin. Die Retirade wurde zum Badehäuschen verändert. Als einziger Bau erinnert sie – nun Pavillon genannt – an die 1971 abgebrochene Villa. Im Frühling begeistern die wilden Tulpen und Narzissen, im Sommer die Rosen und der munter murmelnde Bach, im Herbst die prachtvollen Baumriesen mit ihren bunten Blättern und im Winter der stille See mit seinen Nebelschwaden. Jetzt heißt es auf Entdeckungsreise gehen. Jüngst aufgestellte Tafeln mit Bildern und Texten helfen dabei.

Wer von hier dem *Konstanzer Seeuferweg* folgt, einer der schönsten Promenaden weit und breit, kommt zum Park der östlich gelegenen *Kliniken Schmieder*. Auch dort warten Reste des *Thurn'schen Gutes* darauf, entdeckt zu werden. Vorbei an weiteren Villenparks gelangt man zu einer Sehenswürdigkeit erster Güte, dem *Gartendenkmal Stiegeler Park* [→ Siehe S. 83].

Wer noch ein wenig weiter promeniert, kommt zum parkähnlichen Konstanzer Freibad Horn. Hier, am östlichsten Punkt der *Bodanrück* genannten Halbinsel, präsentiert sich das *Schwäbische Meer* von seiner beeindruckendsten Seite. Die grandiose Aussicht auf das nördliche Seeufer mit der Wallfahrtskirche Birnau, auf Meersburg und seine barocken Anlagen [→ Siehe S. 40 – Meersburg], auf das rebenbewachsene Ufer Richtung Hagnau, auf das Sankt Galler Land und schließlich auf den Gartenkanton Thurgau *lässt keine Wünsche offen*. Häufig grüßen von Süden die schneebedeckten Alpen. Eine Parklandschaft, die ihrem Namen mehr als gerecht wird.

www.kwa.de/standorte/baden-wuerttemberg/konstanz/kwa-parkstift-rosenau

RORSCHACHERBERG (SG)

Schloss Wartegg – Nationales Gartendenkmal der Schweiz

Der Familie von Thurn-Valsassina scheint das Gärtnern im Blut gelegen zu haben. Fidel (1629 bis 1719), ein Vorfahr des Domherrn Johann Paul [→ Siehe S. 49 – Konstanz], erwarb das Schloss Wartegg sowie seine Anlagen im 17. Jahrhundert und führte die Renaissancegarten-Tradition fort. Folgende Besitzer griffen sie auf und verfeinerten sie unaufhörlich. Das gilt bis heute. Familie Mijnssen pflegt und entwickelt die Gärten zusammen mit einem modernen Hotelbetrieb behutsam weiter. Dafür erhielt sie die Anerkennung als ein nationales Gartendenkmal der Schweiz. Aber zurück zur Geschichte:

Louise Marie Thérèse d'Artois, königliche Prinzessin von Frankreich und durch Heirat Herzogin von Parma (1819–1864), wurde 1859 als Regentin des Herzogtums abgesetzt. Daraufhin verließ sie Italien und wählte die Schweiz, genauer gesagt Schloss Wartegg, als Exil. Kaum angekommen, begann sie mit der Umgestaltung des barocken Anwesens zu einer großzügigen Schlossanlage. Als Gartenplaner verpflichtete sie keinen Geringeren als den berühmten französischen Landschaftsarchitekten Paul de Lavenne, Comte de Choulot (1794–1870), den sie seit ihrer Kindheit kannte. De Lavenne schuf, dem Wunsch seiner Auftraggeberin folgend, einen 13 Hektar großen Englischen Landschaftspark, der noch heute in seiner ursprünglichen Schönheit zu bewundern ist. Der von ihm gefertigte Originalplan ziert das Entree des Schlosses.

Vor und nach diesem Auftrag entwarf de Lavenne während seines abenteuerlichen Lebens mehr als 300 Parkanlagen in ganz Europa, unter denen die Anlage von Schloss Wartegg in vieler Hinsicht besonders ist. 1863 veröffentlichte er mit seinem Buch *L' Art des Jardins* ein Standardwerk der französischsprachigen Gartenbaugeschichte.

Nach dem überraschenden Tod von Herzogin Louise blieb das Schloss im Familienbesitz und bildete 55 Jahre später erneut die Bühne für ein Stück Weltgeschichte. Zu Beginn des Jahres 1919 lebte das letzte österreichische Kaiserpaar, Karl und Zita von Habsburg-Lothringen, mit seinen Kindern und ihrem Hof auf dem Anwesen. Es folgten unruhige Zeiten mit häufigen Besitzerwechseln.

Seit dem 1994 erfolgten Kauf durch die Familie Mijnssen ist der Park bis heute frei zugänglich. Nach dem Wunsch seines Besitzers Christoph Mijnssen prägen ihn *gestalterische Vision, freie Natur und biologische Vielfalt*. Im kunstvollen angelegten Nutzgarten für die Schlossküche wachsen ProSpecieRara-Gemüsesorten, und die Kunst der Gegenwart ist durch verschiedene Skulpturen vielfach auf der Anlage präsent.

www.wartegg.ch

KISSLEGG (RV)

Ein Fürst hatte Großes im Sinn

Wer vor dem Schloss in Kißlegg steht und es vielleicht schon besucht hat, den beschleicht ein Gefühl von Begeisterung für die Anlage. Gleichzeitig wundert sie oder er sich aber über sein Bauchgefühl. Liebhaberinnen bzw. Liebhaber von Parks und Gärten spüren, dass hier irgendetwas nicht stimmt – irgendetwas verursacht Nachdenken.

Am Schloss kann es nicht liegen, es wurde in den Jahren 1721 bis 1727 in schönstem Barock erbaut. Viele der berühmtesten Künstler der Zeit waren hier tätig, allen voran der Bildhauer und Stuckateur Joseph Anton Feuchtmayer (1696–1770).

Also muss es am Park liegen, was aber mehr als erstaunlich ist. Denn um das Schloss erstreckt sich heute eine ausgedehnte Parkanlage im klassisch englischen Stil.

Die Wartegg gehört mit ihren vielfältigen Angeboten zu den nationalen Gartendenkmälern der Schweiz

Schloss Kißlegg und sein Englischer Park

Allerdings ist diese relativ neu. Sie ersetzte auch keinen Barockgarten, wie man vielleicht erwarten würde.

Noch in der zweiten Hälfte des 19. Jahrhunderts befanden sich hier kleine private (Gemüse-) Gärten, die Fürst Eberhard II. von Waldburg-Zeil-Wurzach (1828–1903) Stück für Stück auf-kaufte. Danach beauftragte er seinen Hofgärtner um 1876 mit einer kompletten Neuplanung. Auf dem Reißbrett. Wo sich noch nie ein Park ausdehnte, entstand durchaus Sehenswertes. Wunsch des Fürsten war die Anlage *eines herrschaftlichen Gemüsegartens mit Gewächshaus und eines großzügigen Schlossparks*. Was den 8 Hektar großen Park anbetrifft, ist dies ohne Zweifel gelungen.

www.kisslegg.de

53

Auf neuen alten Wegen –
Gärten des Eklektizismus

Schon zu Beginn des 19. Jahrhunderts setzte langsam eine Abkehr von der reinen Lehre des *Englischen Landschaftsgartens* ein. Das bedeutete allerdings nicht, dass man ihn partiell nicht weiter schätzte. Alles hing vom persönlichen Geschmack der Auftraggeberin oder des Auftraggebers ab.

Parkomanen, Landschaftsarchitekten und natürlich deren Auftraggeber vertraten zunehmend die Meinung, Gärten ohne Blumen seien monoton und ermüdend. Sehnsüchtig blickte man in die Vergangenheit zurück. Eine wichtige Rolle spielte dabei auch die vermeintlich ruhmvolle eigene Geschichte. Antike, Mittelalter, Renaissance und Rokoko boten eine Fülle von Ornamenten, geometrischen Formen und Vorbildern. Nur der Barock erfuhr weiter eine stiefmütterliche Behandlung. Alte und neue Landschaftsgärten wurden mit blühenden Sträuchern und bunten Beeten aufgelockert. Damit aber nicht genug: Schon bald war es erlaubt, die verschiedenen Gartenstile der Vergangenheit in einem Park gleichberechtigt nebeneinander stehen zu lassen. Schnell kam es in der Folge zu einer Durchmischung der gestalterischen Elemente, so dass es damals wie heute unmöglich erscheint, (noch) eine reine Lehre zu erkennen. Höchstens man erklärt die Stilvielfalt einfach zur Maxime.

Die Villa von Schloss Arenenberg und ihr eklektizistischer Pleasureground

Der Pavillon von Arenenberg bietet einen Blick auf die Teufelsschlucht und Konstanz

Zunehmend verloren Adel beziehungsweise Klerus ihren Alleinanspruch auf Parks und Gärten. Das Bürgertum begann – zunächst im kleinen Maßstab –, dank seines zunehmenden Wohl-
stands das Vorbild der Noblesse zu kopieren und legte repräsentative Haus- bzw. Villengärten
an [→ Siehe S. 76 – Kressbronn]. Gleichzeitig übernahm es auch die Begeisterung des Adels
an der Kultivierung und Vermehrung von Pflanzen. Die *Bürgerliche Gartenkunst* entstand. Einer
ihrer bedeutendsten Vertreter war Eduard Schmidlin (1808–1890), dessen 1843 erstmals ver-
öffentlichtes gleichnamiges Werk vorbildhaft wurde. Schmidlin lebte 1837/38 im Umfeld des
Prinzen Louis Napoléon (1808–1838) [→ Siehe S. 55 – Arenenberg] in Konstanz und gestaltete
mindestens einen Garten um die Stadt [→ Siehe S. 57 – Côte Napoléon].

Parallel zu den Mischformen kam es immer wieder zur Anlage von stilreinen Gärten [→ Siehe S. 51 – Rorschacherberg/Wartegg oder → Siehe S. 52 – Kißlegg], exakt ausgeführt nach
historischen Anweisungen beziehungsweise Vorbildern.

Viele namhafte Gestalter entwickelten dem Geschmack der Zeit folgend ihren eigenen –
ursprünglich reinen – Stil weiter und gaben die neuen Ideen an ihre Schüler und Auszubilden-
den weiter.

ARENENBERG (TG)
Garten der Welt auf 13 Hektar

Gärten verändern sich, sind nie gleich, sie sind wie ein Lebewesen. Jedes hat seine Zeit, sagt Daniel Brogle,
Obergärtner und Leiter der Arenenberger Gartenbaubetriebe. Dieser Mann muss es wissen,
denn er steht wie vielleicht nur wenige seiner Kolleginnen und Kollegen in der Tradition von
über 2000 Jahren Gartenbaugeschichte. Schon die Römer siedelten hier oben und betrieben
Weinbau. Wahrscheinlich gab es dazu auch eine *villa rustica* [→ Siehe S. 22 – Eigeltingen], von
der sich aber kaum mehr Spuren finden lassen. Mit dem späten Mittelalter [→ Siehe S. 28 –
Narrenberg] brachen neue Zeiten an. Nun sprudeln die Gartenquellen geradezu. Um 1530 ent-

stand ein terrassierter Renaissance-Lustgarten mit herrlicher Aussicht in Richtung See [→ Siehe S. 30 – Einleitung], rund 200 Jahre später ein englischer Landschaftspark [→ S. 46 – Einleitung].

1816 verliebte sich Hortense de Beauharnais (1783–1837), Stieftochter und Erbin Kaiser Napoleons I. (1769–1821), in den Landsitz und begann sofort, eine ihrer größten Leidenschaften auszuleben: den Gartenbau. Wohl ein Gen ihrer Mutter, der berühmten pflanzenvernarrten Kaiserin Joséphine (1763–1814), das Hortense auch an ihren eigenen Sohn Louis Napoléon, den späteren Kaiser Napoleon III. (1808–1873), weitergab.

Hortense ließ die gesamte Liegenschaft umgestalten. Als Vorbilder dienten ihr eigenes Schloss Saint-Leu (abgegangen) bei Paris und der von Fürstin Amélie Zéphyrine bei Inzigkofen [→ Siehe S. 47 – Inzigkofen] angelegte Park. Beraten wurde die Königin in dieser ersten Phase durch den französischen Architekten und Landschaftsgärtner Louis-Martin Berthault (1770–1823), der sowohl für Malmaison, das Schloss ihrer Mutter, wie auch für das oben genannte Saint-Leu-la-Forêt tätig gewesen war. Berthault hing noch stark der reinen Lehre des englischen Landschaftsparks an, begann aber bereits wieder Blumenbeete in seinen Planungen vorzusehen. Sein meisterhaftes Spiel mit dem Zusammenwirken von Wasser, Wald, Schluchten und Felsen beziehungsweise der von ihm gelegte *rote Faden*, der Gegensatz von Hell und Dunkel, bestimmt die Arenenberger Parkanlage bis heute und wirkte vorbildhaft für ähnliche Parks. Nach den Ideen von Louis Napoléon und Hortense entstand eine Art *Garten der Welt,* in dem die beiden Bonapartes symbolträchtige Elemente von Gärten ihrer Zeit vereinten. So die *Grotte der Thetis/Bains d'Apollon* aus Versailles oder die *Teufelsbrücke von Tivoli* am Einstieg in die gleichnamige Schlucht der *Villa Gregoriana.* Bäume wurden als Erinnerungspunkte beziehungsweise Unterstützung von Denkmälern gepflanzt. So zum Beispiel ein Ableger der Weide von Sankt Helena über der einzigen Grabkopie Napoleons I. abseits der Insel. Sichtachsen spielten ebenfalls eine große Rolle. Im Zentrum stand die Orientierung auf Paris als bestimmender Sehnsuchtsort. Obwohl sich der Arenenberger Park mit nur ca. 13 Hektar relativ klein präsentiert, vergrößert er sich dank der geschickten Inszenierung und Einbeziehung der umliegenden Wiesen, Felder, Ortschaften und natürlich des Sees vor dem inneren Auge des Betrachters ins Unendliche. Im Osten über Konstanz hinaus bis in die Alpen, im Westen bilden die Hegau-Vulkane den Horizont, im Norden blickt man über den Untersee und Überlinger See bis in den Linzgau. Nur im Süden verwehrt der Seerücken den Blick auf die Schweizer Alpen. Diese Einschränkung überwand die kaiserliche Familie, in dem sie im *Außenpark* Gestaltungselemente schuf, die zum festen Bestandteil einer Begehung gehörten. Hier folgte sie den Ideen des preußisch-sächsischen Gartenbauers und Schriftstellers Fürst Hermann von Pückler-Muskau (1785–1871). Spätestens seit 1834 hatte der Fürst die Umformung des napoleonischen Parks auf Arenenberg begleitet. Joseph Stanislaus Kodym (1826–1905), ein Schüler Pücklers, führte ab 1859 als Obergärtner und später als Intendant der kaiserlichen Liegenschaft am See dieses Erbe fort.

Kaiserin Eugénie (1826–1920), die Witwe Napoleons III., stiftete das gesamte Schlossgut Arenenberg 1906 dem Kanton Thurgau und bestimmte, dass sich darin ein Museum und eine öffentliche Nutzung befinden müssten. Dem wurde Rechnung getragen; der grandiose Landschaftspark geriet aufgrund anderweitiger Nutzung immer mehr in Vergessenheit und fiel der Verwilderung anheim.

Über 90 Jahre sollte es dauern, bis durch das Napoleonmuseum zunächst eine intensive Erforschung der Parkanlage einsetzte. Seinem Freundeskreis, der Stiftung Napoleon III und ihrer Arbeit ist es zu verdanken, dass der historische Park nun laufend durch fundierte Restaurierung und sensible Rekonstruktion seine ursprüngliche Schönheit zurückerhält.

Seiner historischen und aktuellen Bedeutung entsprechend, ist der Arenenberg traditionell Sitz des *Vereins Bodenseegärten*, des internationalen Netzwerks für Parks und Gärten um den See.

www.napoleonmuseum.ch

Blick von der Plattform des Konstanzer Domes auf die Côte Napoléon

CÔTE NAPOLÉON (TG)
Gärten und Parks ohne Ende

Wahrscheinlich ist es der Zusammenarbeit zwischen dem späteren Kaiser Napoleon III. und Fürst Hermann von Pückler-Muskau [→ Siehe S. 55 – Arenenberg] zu verdanken, dass sich zwischen der Insel Mainau [→ Siehe S. 64 und S. 90 – Mainau] und Stein am Rhein [→ Siehe S. 57 – Côte Napoléon] gerade das Südufer des Sees zu einem wahren Gartenreich verwandelte, so wie es der junge Parkomane Pückler bereits 1808 während seiner Wanderung vor Augen hatte. Auch wenn sie rund ein halbes Jahrhundert später entstand, ähnelt die *Côte Napoléon* trotz vieler inhaltlicher Unterschiede dem *UNESCO-Welterbe Dessau-Wörlitz* [→ Siehe S. 46 – Einführung].

Napoleon III. und Pückler hatten vieles gemeinsam. Wüsste man es nicht besser, würde man die beiden für Brüder oder gar Vater und Sohn halten, so nahe standen sie sich in ihrer Leidenschaft für Gärten. In Wirklichkeit handelte es sich natürlich nur um eine Seelenverwandtschaft, die sie aber durchaus gemeinsam auszuleben verstanden. Der Bodensee spielte dabei selbstverständlich auch eine Rolle – wie könnte es anders sein? Ab 1855 gestalteten Kaiser und Fürst den *Bois de Boulogne*, das große Park- und Waldgebiet westlich von Paris, um und schufen darin eine Kopie des Sees. Mit einem *lac supérieure* (Obersee), einem *lac inférieure* (Untersee) und einer *île* (*Insel Reichenau*).

Da die meisten Gärten und Parks entlang der *Côte Napoléon* leider nur von außen zu besichtigen sind, erleben Gartenliebhaberinnen und Gartenliebhaber die beeindruckende Gegend am besten während einer Schifffahrt. Sie bringt das Gefühl, eine Parklandschaft zu durchmessen, erst richtig zur Geltung.

Nach dem Besuch des Kreuzlinger Seeburg-Parks [→ Siehe S. 85 – Kreuzlingen] wählt man im Hafen zunächst ein Schiff der *Gesellschaft Untersee und Rhein* (URh) mit dem Ziel Schaffhausen. Vielleicht ist es sogar die *Arenenberg*? Nach dem Auslaufen empfiehlt sich ein Blick nach Süden in den lieblichen *Gartenkanton Thurgau*. Oberhalb von Konstanz und Kreuzlingen erkennt das geschulte Auge die Spitze des sogenannten *Napoleonturms*.

Wäldi-Hohenrain (TG)

Unterstützt von Prinz Louis Napoléon wurde der Ursprungsbau des Turms als *Belvedère zu Ho-henrain* im Jahr 1829 errichtet. Das *Lustgebäude*, wie es damals bezeichnet wurde, gehörte als beliebtes Ausflugsziel zum Außenpark von Arenenberg. 2017 entstand eine moderne Interpretation, dessen Plattform auf 36 Metern Höhe einen unvergesslichen Ausblick über die gesamte Parklandschaft des Bodensees bietet. Wer nicht glaubt, dass Gärten keine Grenzen kennen, wird hier eines Besseren belehrt.

Auf dem Schiff geht es weiter durch die *Konstanzer Bucht* mit Blick auf die Seepromenade und ihre Gärten in den *Seerhein*. An der südwestlichen Stadtgrenze überspannt die *Europabrücke* den Fluss. Daneben schmiegt sich entlang des linken Ufers das sogenannte *Paradies* mit dem *Täger-moos, dem Gemüsegarten* von Konstanz, an den emporwachsenden *Seerücken*.

Castell (TG)

Wer genau hinschaut, erkennt auf dem *Seerücken* das Neorenaissanceschloss gleichen Namens oberhalb der Gemeinde Tägerwilen. Zusammen mit seinem 160 Hektar großen Park und Ländereien gehört es zu den bedeutendsten historistischen Schlossanlagen der Schweiz.

Ursprünglich im Besitz der sankt-gallisch-thurgauisch-konstanzer Familie (von) Zollikofer befindlich, wurde es 1794 an die ebenfalls aus Sankt Gallen stammende Familie von Scherrer verkauft, die in Lyon als Bankiers ein enormes Vermögen angehäuft hatten und vor der Revolution zurück in die Heimat geflohen waren. Adrien Philippe (genannt Adrian, Lebensdaten unbekannt) richtete im Schloss nicht nur eine Sternwarte ein, sondern ließ auch um 1831 ein Treibhaus mit vielen seltenen Pflanzen bauen. Wenige Jahre später verwandelte der schon auf Arenenberg als Berater tätige Fürst Hermann von Pückler-Muskau die Umgebung des Schlosses in einen Park- und Landschaftsgarten, der allerdings später immer wieder umgestaltet wurde. Zugänglich ist nur der Außenpark mit der Landwirtschaft.

Das Schiff fährt nun eine elegante Kurve und gibt rechter Hand den Blick frei auf das 767 Hektar große Natur- und Landschaftsschutzgebiet *Wollmatinger Ried-Untersee-Gnadensee* sowie auf die Gemeinde Gottlieben.

Schloss Gottlieben und sein Park von der Seeseite

Gottlieben (TG)

Sein heutiges Aussehen erhielten das aus dem 13. Jahrhundert stammende Gebäude und der dazugehörige Park 1837/38 durch Prinz Louis Napoléon und seine Mutter Hortense de Beauharnais. Mit dem Umbau der ursprünglichen Burg verfolgten beide das Ziel, ein Stück Venedig an den Bodensee zu holen. Maßwerkfenster des abgebrannten Münsterkreuzganges aus Konstanz verliehen der Fassade echtgotisches Flair und erfüllen diesen Zweck immer noch. Königin Hortense erlebte die Fertigstellung ihres geplanten Stadtsitzes nicht mehr. Sie erlag im Oktober 1837 einem Krebsleiden. Louis Napoléon erkannte die günstige Lage des Schlosses und führte alle Arbeiten voller Elan fort. Für den Garten beauftragte er eine bis dahin weitgehend unbekannte Persönlichkeit: Den aus dem Königreich Württemberg stammenden Eduard Schmidlin (1808–1890) [→ Siehe S. 54 – Einführung]. Schmidlin hatte sein Handwerk in der Stuttgarter Hofgärtnerei gelernt und seinen Beruf anschließend recht erfolgreich ausgeübt. Aufgrund seiner republikanischen Gesinnung und revolutionärer Umtriebe kam er mit Prinz Louis Napoléon in Kontakt, der dem politisch Verfolgten 1838 Unterschlupf in seinem Schloss Gottlieben bot. Dort revanchierte sich Schmidlin, indem er dem Prinzen zunächst einen Grundplan des vorhandenen Gartens erstellte. Bei dessen Anlage scheint ebenfalls Fürst Hermann von Pückler-Muskau beratend beteiligt gewesen zu sein. Schmidlin, der die Englischen Gärten im Stile Pücklers ablehnte, erstellte wenig später im Auftrag des Prinzen die Skizze zu einer Parkerweiterung Richtung Süden (heute verwildert). Park und Schloss sind nur vom See aus zu erleben. In Anlehnung daran errichtete Theodolinde von Leuchtenberg (1814–1857), eine Cousine Napoleons III., ihre Villa bei Lindau und deren Gartenanlagen [→ Siehe S. 66 – Bayerische Riviera].

Nach dem Ablegen steuert das Schiff Ermatingen an. In der Flachwasserzone des Untersees verbergen sich zu beiden Seiten unter Wasser zahlreiche Pfahlbaureste [→ Siehe S. 14 – Einführung].

Auf der rechten Seite zieht sich fortlaufend das *Wollmatinger Ried* hin, das durch den Damm der Insel Reichenau eingegrenzt wird – eine wichtige Landmarke der *Côte Napoléon*. Die 1,3 Kilometer lange, teils künstliche Aufschüttung wurde der Überlieferung nach durch Prinz Louis Napoléon initiiert, der auch deren Bepflanzung mit Pappeln angeregt haben soll. Die Allee bildet den südlichsten Punkt der *Deutschen Alleenstraße*.

Wer nach Süden schaut, entdeckt eine Landschaft, die ganz dem Ideal der *Ornamental Farm* bzw. der *Ferme ornée* verpflichtet ist. Parkartige Wiesen, Obstgärten und Ackerflächen, durchsetzt von kleinen Alleen, Gehöften und beschaulichen Patriziersitzen. Der bedeutendste in diesem Abschnitt ist sicher Schloss Wolfsberg ob Ermatingen.

Wolfsberg-Phönix-Lilienberg (TG)

1576 erbaut, erfuhr die Anlage mehrfache Veränderungen. Der aus dem 18. Jahrhundert stammende (Landschafts-)Park wurde im ersten Drittel des 19. Jahrhundert stark verändert und erweitert. Louise Cochelet (1783–1827), eine enge Vertraute von Königin Hortense und Prinz Louis Napoléon, erwarb den Besitz zusammen mit ihrem Mann, dem einst in napoleonischen Diensten stehenden Denis-Charles Parquin (1786–1845) und betrieb darin eine Fremdenpension bzw. ein Gästehaus für die zahlreichen Besucher von Schloss Arenenberg. Über die historische Parkanlage ist leider kaum etwas bekannt – wie es scheint, orientierte sie sich aber wie Arenenberg zunächst an französischen Vorbildern.

Um 1920 schuf der Gartenarchitekt Fritz Klauser (1885–1950) außerhalb des Schlosses einen großartigen Landschaftspark. Zwischen den historischen Gebäuden entstanden ein kleiner Barockgarten [→ Siehe S. 36 – Einführung] sowie eine Teilnachbildung der Kensington Gardens in London. Die Anlage befindet sich heute im Besitz der Schweizer Großbank UBS, die darin ein Seminarzentrum betreibt. Dank eines jüngst abgeschlossenen Umbaus erleben die Besucher des Wolfsbergs auch zeitgenössische Gartenkunst vom Feinsten.

Das Schloss Wolfsberg und sein Barockgarten

In Ermatingen gibt es noch weitere Gärten zu bewundern, etwa den in seiner Ursprungs-
form aus dem 19. Jahrhundert stammenen und jüngst restaurierten sogenannten *Rosenpark*
hinter dem Haus Phönix, das heute ein Museum (*Vinorama*) beherbergt; ursprünglich war es im
Besitz von Freunden des Prinzen Louis Napoléon. Oder den erst seit Kurzem öffentlich zugänglichen *Lilienberg*. In der zweiten Hälfte des 19. Jahrhunderts wohnte hier, in unmittelbarer Nähe
des Arenenbergs, Baronin Barbara von Fingerlin (1818–?), eine frühere Geliebte des Prinzen
Louis Napoléon. Der historische Park wurde ab 1935 renoviert und erweitert. Heute gehört die
Anlage der *Stiftung Lilienberg Unternehmerforum*.

Das Schiff fährt weiter auf die Insel Reichenau (KN) [→ Siehe S. 27 – Reichenau] mit ihren
ungezählten Gemüse- und Bauerngärten [→ Siehe S. 108 – Einführung] sowie dem Hortulus.
Anschließend setzt es nach Mannenbach (TG) über. Unübersehbar thronen über der Gemeinde
die mittelalterliche Burg Salenstein (Privatbesitz ohne Anlage) sowie Schloss Arenenberg mit
seinem 13 Hektar großen *Garten der Welt*.

Um den Zusammenhang zwischen der *Côte Napoléon* und dem Untersee zu verstehen, emp-
fiehlt es sich, hier auf ein Schiff der *Bodensee-Schifffahrtsbetriebe* (*BSB*) umzusteigen. Sie bieten
mit dem sogenannten *Zeller-See-Ticket* eine Möglichkeit, den See als natürliche und historische
Fortsetzung der Parklandschaft zu verstehen. Die Rundfahrt führt nach Iznang (KN) auf die
Höri mit ihren Künstler- und Bauerngärten [→ Siehe S. 98ff.], nach Radolfzell (KN) [→ Siehe
S. 87 – Radolfzell] und via Insel Reichenau nach Mannenbach zurück. Wer seinen Blick auf den
Seerücken richtet, entdeckt oberhalb des Dorfes sehr schnell zwei weitere napoleonische An-
lagen. Direkt neben der sehenswerten Kapelle liegt die Kaplanei Mannenbach (Louisenberg).

Louisenberg (TG)

Ab 1825 nutzte Großherzogin Stéphanie von Baden (1789–1860), eine Cousine der beiden
Beauharnais-Geschwister Eugène und Hortense, die Anlage als Landsitz. Neun Jahre später
kaufte Marquis Georges de Crenay (um 1768 bis 1857) die Liegenschaft und errichtete Schloss

und Park neu. Der aus einer der ältesten Adelsfamilien Frankreichs stammende Marquis hatte schon in seiner Jugend enge Beziehungen zu Kaiserin Joséphine (de Beauharnais – 1763–1814) unterhalten. Ohne Zweifel kannte er auch Fürstin Amélie Zéphyrine und pflegte Kontakt zu ihr. Bisher blieb unentdeckt, dass die Familien de Crenay und von Pückler-Muskau miteinander verwandt waren. 1834, während seines zweiten Aufenthaltes am See, hatte Pückler sicher Kontakt zu seiner Verwandtschaft, die im gleichen Jahr ihren Park neu gestalten ließ. 1908 wurde die Anlage nach einem Plan des Arenenberger Obergärtners Alphonse Georges Simon umgestaltet. Sie befindet sich im Privatbesitz und ist nicht zugänglich.

Eugensberg (TG)

Im Gegensatz zu den meisten Schlössern auf dem Seerücken handelt es sich hier um einen Neubau aus der Zeit um 1820. Eugène de Beauharnais (1781–1824), der Bruder und enge Vertraute von Königin Hortense, war seit 1805 als Stellvertreter Napoleons I. Vizekönig von Italien gewesen. Bis zum Zusammenbruch der französischen Herrschaft (1814) residierte der Vizekönig zusammen mit seiner Frau, der bayerischen Prinzessin Auguste Amalie (1788–1851), in der *Villa Reale di Monza*. Anschließend ließen sie sich in Bayern nieder, wo ihnen der bayerische König Max(imilian) I. (1756–1825) den Titel der Herzöge von Leuchtenberg und Fürsten von Eichstätt verlieh. Wahrscheinlich, um bei einem Regierungswechsel unabhängig zu sein, ließ der Herzog den Eugensberg und seine ursprünglich ca. 64 Hektar große Parkanlage errichten. Dabei kopierte er – so wie es scheint – den Lieblingsaufenthaltsort seiner Frau, die heutige *Villa Mirabellino* (früher *Villa Augusta*) in Monza.

Die Schlösser Arenenberg (links), Salenstein (Mitte), Eugensberg (rechts) inmitten ihrer Parklandschaft

Wie schon in Italien präsentierte sich das unübersehbare Anwesen als eine Mischung aus landwirtschaftlichem Mustergut mit botanischen Gewächshäusern, Gemüsegärten sowie Obstbäumen und Landschaftspark. Das Grundstück war aufgeteilt in einen inneren Bereich mit geschwungenem Wegesystem, das von eher einfachen Beeten umgeben war. Die Pflanzungen betonten – nach dem Vorbild von Arenenberg – spezielle Sichtachsen. Absolut dominierend ist bis heute Inzigkofen, das Schloss und Park der Fürstin Amélie von Hohenzollern-Sigmaringen. Sie genoss als geliebte *Zweite Mutter* hohe Verehrung.

Theodolinde von Leuchtenberg, die jüngste Tochter von Eugène de Beauharnais und seiner Frau, erbte die Leidenschaft für den Bodensee und ließ sich an der Bayerischen Riviera nieder.

Nach dem Tod des Fürsten wurde die Anlage verkauft und mehrfach stark verändert. Sie befindet sich im Privatbesitz und ist nicht zugänglich.

Berlingen-Gaienhofen-Steckborn-Mammern-Öhningen-Werd-Stein am Rhein (TG-KN-SH)

Die *Gesellschaft Untersee und Rhein* (*URh*) fährt weiter in einem Quasi-Zickzackkurs nach Berlingen (TG) mit dem entzückenden Garten des Malers Adolf Dietrich (1877–1957) und nach Gaienhofen (KN). Neben dem fachkundig wiederhergestellten Garten Hermann Hesses (der Schriftsteller plante ihn eigenhändig und legte ihn auch selbst an) gibt es hier weitere Künstler- und Privatgärten zu besichtigen. In Steckborn (TG) zählt der Rosengarten auf dem Areal des ehemaligen Klosters Feldbach zu den Sehenswürdigkeiten. Historisch besonders interessant sind der Archäobotanische Garten [→ Siehe S. 14 – Einführung] sowie der Künstlergarten von Otto Dix (1891–1969) in Hemmenhofen (KN). Mammern (TG) weist mit seinem ins späte 17. Jahrhundert zurückreichenden Schloss- bzw. Klinikpark ein besonderes Bijou auf. Trotz der 1885 erfolgten Umformung zu einem Landschaftspark und einer Ergänzung in den 1980er-Jahren lassen sich immer wieder Spuren des Lustgartens aus der Spätrenaissance finden. Öhningen (KN) zeichnet sich durch eine besondere Vielfalt von Künstler- und Bauerngärten aus, die einen separaten Ausflug erfordern.

Seerücken, Höri, Hegau und Zellersee bilden einen Landschaftspark

Der Rosengarten beim sogenannten Munot von Schaffhausen bietet wunderschöne Eindrücke.

Langsam endet die Côte Napoléon. Aus dem Rhein, der ab Rheineck (SG) fast unbemerkt durch den See fließt, wird langsam der bekannte Strom. Die Ufer rücken immer näher, das Wasser gewinnt an Geschwindigkeit. Kurz vor der Brücke von Stein am Rhein gleitet die *Arenenberg* an der romantischen Klosterinsel Werd vorbei. Für einen Park im eigentlichen Sinn fehlt der Platz, gerade einmal fünf Mönche leben in dem kleinen Kloster. Sehenswert ist die Anlage aber allemal. Ein circa 200 Meter langer Steg verbindet sie mit dem Festland bei Eschenz (TG). Uferbereich, weitere kleine Inselchen, Schilfzonen, das Labyrinth und die Insel selbst bilden ein Gesamtkunstwerk, das schöner nicht sein könnte.

Stein am Rhein (SH) bewahrt innerhalb der Mauern des Klosters Sankt Georgen einen besonderen Schatz: der Heilkräutergarten, vor wenigen Jahren nach historischen Vorbildern neu angelegt, steht ganz in der Tradition der mittelalterlichen Klostergärten und umfasst seltene einheimische wie mediterrane Pflanzen.

Schaffhausen

Wer möchte, führt seine Flussfahrt bis nach Schaffhausen fort. Wie es einer Kantonshauptstadt gebührt, erwarten den Besucher dort eine Vielzahl unterschiedlicher Gärten: den ab 1937 nach dem Vorbild der Reichenau rekonstruierte Kräutergarten des Kloster(-museums) Allerheiligen etwa oder der aus dem späten 19. Jahrhundert stammende Rheinuferpark, das sogenannte *Lindli*. Dann die beiden Rosengärten beim Munot und am Charlottenfels, den Schulgarten aus der Moderne ... Der Kreis schließt sich mit der 1803 angelegten – später aber mehrfach veränderten – sogenannten *Fäsenstaubpromenade*. Dabei handelt es sich um einen durch den markgräflich-badischen Hofgärtner Johann Michael Zeyher angelegten englischen Landschaftsgarten. Meinte Pückler vielleicht diesen Park, als er 1808 über Schaffhausen schrieb: *Unvermutet geriet ich in den neuen englischen Garten [...]. Man sieht, dass noch alles im Werden ist, doch scheint die Einrichtung versprechend. [...] Sonderbar erschien mir das Arrangement, das point de vue der Hauptallee auf den jenseits des Rheins liegenden Galgen gerichtet zu haben.*

Die Insel Mainau zu Zeiten des Fürsten Esterházy

MAINAU (KN)

Der meist vergessene Anfang

Ein anderer namhafter Parkgestalter, der am westlichen Bodensee seine Spuren hinterließ, stammte aus der Habsburger Monarchie: Fürst Nikolaus II. Esterházy von Galantha (1765 bis 1833). Er gilt bis heute als das süddeutsch-ungarische Pendant zu Fürst Hermann von Pückler-Muskau. Um wen handelt es sich? Um eine schillernde, bestens vernetzte Persönlichkeit, die sich durch ihre Kunstsinnigkeit, ihren Hang zur Verschwendung und zu schönen Frauen einen Namen machte.

Fürst Nikolaus kannte die Kaiserin Joséphine und war mit ihrem Sohn Eugène befreundet. Die Idee, seine *Herrschaft Eisenstadt* (Burgenland) in eine Garten-Kulturlandschaft nach dem Vorbild von Wörlitz umzugestalten, sorgte nicht nur in der Habsburgermonarchie für Aufsehen. Schon 1810 hatte der Fürst in Paris anlässlich der Hochzeit Napoleons I. mit Marie-Louise von Österreich eine bildschöne Französin kennengelernt. Marie-Louise Plaideux (1786–1835) avancierte in der Folge nicht nur zu seiner Maitresse, sondern sogar zu seiner *Frau zur linken Hand* und brachte im Laufe der Zeit drei Kinder auf die Welt, zwei Töchter und einen Sohn. Obwohl verheiratet, lebte der Fürst offiziell bei seiner Geliebten und trat mit ihr in der Öffentlichkeit auf. Zahlreiche weitere Skandale und unermessliche Schulden führten dazu, dass er Wien verlassen musste.

1827 hatte Fürst Nikolaus für sich und seine zweite Familie die Insel Mainau und eine Liegenschaft in Gailingen am Hochrhein (KN) als Rückzugsort erstanden. Heute kaum vorstellbar, empfand Pückler die Insel 1808 *öde und verlassen.* Einzig ein kleines Gärtchen mit *einigen sehr schönen Blumen, die reiche natürliche Guirlanden von blassroten Blüten bildeten,* blieb ihm in Erinnerung. Aber er sah auch Chancen und urteilte mit dem Blick des Fachmanns, die Insel *könnte zu einem äußerst reizenden Aufenthalt umgeschaffen werden, wenn sie in den Händen eines reichen Privatmanns wäre, der ihre Revenuen einige Jahre auf ihre Verschönerung verwenden wollte.* Recht sollte er behalten!

Das Vorgehen Esterházys auf der Mainau zeigt exemplarisch, wie im 19. Jahrhundert bei der Anlage oder Veränderung eines (historischen) Parks agiert wurde: Im Hintergrund stand beratend ein Architekt, hier der Franzose Charles Moreau (1758–1840), in Wien lebender Hofarchitekt des Fürsten. Nach seinen Plänen gestaltete Esterházy zusammen mit seinem vor Ort tätigen Gärtner Ferdinand Schnetz (1774–1851) den vorhandenen kleinen Barockgarten um. Sichtachsen wurden gelegt und exotische Pflanzen aus der Sammlung in Eisenstadt gesetzt. Ein Gartenkunstwerk erster Güte mit allen erdenklichen Gestaltungselementen entstand. Voller Schaffenskraft und Ideen kombinierte Nikolaus hier Versatzstücke aus allen seinen bisherigen Anlagen.

Die Mainau sollte die letzte seiner grandiosen Gartenschöpfungen werden. Eine Kulturlandschaft *en miniature*. Obwohl er damit mehr als den Grundstein für die heutige Blumeninsel Mainau legte, geriet Fürst Esterházy am Bodensee weitgehend in Vergessenheit. Er starb Ende 1833 während einer Erholungsreise nach Italien in den Armen seiner geliebten Marie-Louise. Der gemeinsame Sohn Nikolaus von Mainau (1816–1841) und seine Frau Elisabeth gehörten zum engsten Freundeskreis des Prinzen Louis Napoléon. Der spätere französische Kaiser plante denn auch ernsthaft, die Mainau zu erwerben, als der *Rasende* (verrückte) *Mainau*, wie die Zeitgenossen den unehelichen Sohn Esterházys nannten, seine Insel zum Verkauf anbot. Einige Jahre zuvor hatte sich schon Louis Napoléons gartenvernarrte Mutter Hortense [→ Siehe S. 55 – Arenenberg] um die Insel mit ihrem Park bemüht.

Auf der Mainau erinnern heute nur noch Fragmente an den Fürsten. Großherzog Friedrich I. von Baden (1826–1907) und sein Urenkel Graf Lennart Bernadotte (1909–2004) überformten den alten Bestand und gestalteten das Eiland zur heutigen Blumeninsel um.

www.mainau.de

Im Lindauer Stadtgarten

LINDAU (LI)

An den verwunschenen Ufern der Bayerischen Riviera

Lindau würde Unrecht getan, wenn sich der gartenbegeisterte Besucher ausschließlich auf die sogenannte *Bayerische Riviera* konzentrieren würde, jene fast 30 luxuriösen Villen und Parks unterschiedlicher Baustile also, die sich wie auf einer Perlenschnur entlang des nördlichen Festlandufers der Stadt reihen. Auch die Insel selbst verfügt über eine ansehnliche Zahl von Grünanlagen, die meist auf die im 19. Jahrhundert geschliffenen Schanzen und Befestigungswerke der einstigen Freien Reichsstadt zurückgehen. Als Beispiel mag die *Ludwigschanze* gelten. Sie geht auf eine Spende des Lindauer Kaufmanns Friedrich Gruber (1805–1850) [→ Siehe S. 68 – Lindenhof] zurück, der hier nach dem Vorbild eines Landschaftsgartens die erste größere Grünanlage anlegen ließ. Nicht umsonst bildet die *Hintere Insel* das Zentrum der Bayerischen Gartenschau des Jahres 2021. Auf der Anlage entsteht ein blühendes, nachhaltiges Park- und Wohnquartier.

Aber zurück zur *Bayerischen Riviera*. Es waren Angehörige des (Hoch-)Adels und vor allem reiche Kaufleute aus dem Bürgertum [→ Siehe S. 54 – Einführung], die sich zu Beginn des 19. Jahrhunderts eine Vielzahl von Land- bzw. Sommersitzen am nordöstlichen Ufer erbauten und sie mit standesgemäßen Parkanlagen umgaben. Trotz mancher Verluste prägen diese Villen bis heute die Umgebung von Lindau und verbreiten ein Flair von Belle Époque und Mondänität, wie sie sonst am Bodensee nicht mehr zu finden ist.

Da die meisten Anwesen kaum öffentlich zugänglich sind, bietet sich wie schon an der *Côte Napoléon* [→ Siehe S. 57 – Côte Napoléon] zum Kennenlernen ein Ausflug per Schiff oder – noch empfehlenswerter – eine Entdeckungstour auf einer der drei gut beschriebenen Gartenkultur- und Villen-Routen an. Alle Rundgänge starten im Norden auf dem Festland, am Brückenkopf der traditionsreichen *Landtorbrücke,* die nach der Lindauer Partnerstadt bei Paris auch *Chelles-Brücke* genannt wird.

Der Lindenhofpark. Einst privates Refugium, heute für die Öffentlichkeit zugänglich

Viele der wunderschönen Anwesen reichen als Landgüter bis ins Mittelalter zurück. Erhalten hat sich aus dieser Zeit aber nur wenig. Die heutigen Anlagen stammen aus dem 19. Jahrhundert und umfassen Bau- bzw. Gartenstile vom Neoklassizismus über die Neurenaissance bis hin zum Jugendstil und zu Formen des Heimatstils. Eine Auswahl zu treffen fällt unendlich schwer, fast möchte man sagen, es ist unmöglich. Denn jeder Park und jedes dazugehörige Haus hat seinen eigenen Charme und seine ganz spezielle Geschichte. Drei davon seien hier vorgestellt:

Giebelbach (LI)

Die Villa gleichen Namens, heute als *Villa Spengelin* bekannt, scheint die älteste unter den Villen am nordwestlichen Seeufer zu sein. Zwischen 1821 und 1833 befand sie sich im Besitz des Bayerischen Hofmarschalls, Generalmajors und Diplomaten (Freiherr) Jacob (von) Washington (1778–1848), eines Verwandten des berühmten US-Generals und ersten Präsidenten der Vereinigten Staaten George Washington (1732–1799). Obwohl leider keine Pläne oder Beschreibungen des Parks vorhanden sind (einzig die sogenannte *Washington-Bank* auf einer Anhöhe findet immer wieder Erwähnung), lässt sich am Beispiel des Freiherrn zeigen, wie Parkbesitzer und Gartenvernarrte am Bodensee sich im beginnenden 19. Jahrhundert gegenseitig unterstützten. Die Bibliothek (Autographensammlung) des Napoleonmuseums auf Schloss Arenenberg verwahrt einen Brief vom Juni 1833, in dem Königin Hortense über Gartenangelegenheiten plaudert und sich bei Jacob von Washington für das Geschenk einer *Pompadura-Staude* bedankt, die sie gleich neben ihrer Kapelle setzen möchte. Wie es scheint, kannte der Freiherr als Hofmarschall auch Schloss Malmaison bei Paris, das Anwesen ihrer Mutter Joséphine, ihren Bruder Eugène de Beauharnais-von Leuchtenberg und seine Tochter Theodolinde.

Nach dem Verkauf 1833 wechselte das Anwesen mehrfach den Besitzer, wurde später parzelliert und stark verändert.

Vom mondänen Lindenhof-Garten zur luxuriösen Badewiese mit Sichtachse

Lindenhof (LI)

Wieder ist es der bereits genannte Lindauer Kaufmann Friedrich Gruber, der als Gartenfreund in Erscheinung tritt. Ab 1839 kaufte er vierzig landwirtschaftlich genutzte Grundstücke, legte sie zusammen und schuf auf dem Gelände einen dem damaligen Geschmack entsprechenden *gemischten Landschaftspark*, der eine Ruine (Wasserschlösschen Degelstein) und ein kleines Sommerhaus umfasst. Für die Gartenarchitektur verpflichtete er einen wahren Meister seines Fachs, den Düsseldorfer Maximilian Friedrich Weyhe (1775–1846). Er gilt als der bedeutendste Gartenkünstler im Rheinland des 19. Jahrhunderts und ist neben Fürst Leopold III. von Anhalt-Dessau, Friedrich Ludwig von Sckell, Fürst Hermann von Pückler-Muskau [→ Einführung siehe S. 46] und Peter Joseph Lenné (1789–1866) als führender Vertreter des Landschaftsgartenstils in Deutschland anzusehen.

War sich Maximilian Friedrich darüber bewusst, dass er im Lindenhof gegenüber der Einmündung des Rheins in den Bodensee und damit quasi für den östlichsten Teil des Rheinlands arbeitete? Wir wissen es nicht – wahrscheinlich hielt er sich nie am Bodensee auf. Weyhe konzipierte im Park offene Rasenbereiche, die von gewundenen Wegen durchzogen sind, teilweise locker mit Gehölzen bepflanzt und mit Blumenbeeten versehen. Besonders interessant ist der Stellenwert der landwirtschaftlich genutzten Bereiche, die von Anfang an mit zu der Anlage gehörten. Durch die Erben bzw. Nachfolger Friedrich Grubers gewannen sie sogar noch an Bedeutung. Ein schönes Beispiel, das den engen Zusammenhang zwischen Lust- und Nutzgärten zeigt.

Weyhe und Gruber schufen mit dem Lindenhofpark ein ausgeklügeltes, wildromantisches Gesamtkunstwerk, ein Ensemble aus heimischen und exotischen Bäumen, scheinbar natürlichen Wegen und einem Panorama aus Berg- und Seeblick, das einem die Sprache verschlägt. Die Anlage ist öffentlich zugänglich. Bis heute verzaubert sie Einheimische und ihre Gäste.

Villa Leuchtenberg (LI)

Prinzessin Theodolinde von Leuchtenberg, verheiratete Gräfin von Württemberg, fand bereits mehrfach in diesem Buch Erwähnung. Die jüngste Tochter des Herzogs Eugène von Leuchtenberg (de Beauharnais) und seiner Frau, der bayerischen Königstochter Auguste Amalie, erwarb 1853 ein als Zollhaus dienendes Anwesen zwischen Lindau und Bregenz. Der primäre Grund für ihre geplante Niederlassung am Bodensee dürfte wohl in ihrer mehr als schlechten Gesundheit zu suchen sein. Die Prinzessin litt schon als junge Frau wohl an Tuberkulose. Linderung fand sie bei Aufenthalten in südlichen Gefilden, namentlich in Italien und am Untersee. War es zusätzlich vielleicht auch die Erinnerung an ihre Jugend am Bodensee, die sie nach Lindau zog?

Natürlich wählte Theodolinde als bayerische Prinzessin für ihr eigenes Domizil nicht das badische Konstanz oder das Thurgauer Bodenseeufer, zumal sich zu diesem Zeitpunkt dort keine Familienmitglieder mehr aufhielten. Aber die Analogien zwischen Gottlieben bzw. Arenenberg, den (früheren) Anwesen Napoleons III., ihres Cousins, und ihrer eigenen Villa bei Lindau sind nicht zu übersehen.

Hat die Prinzessin die Planung der Villa Leuchtenberg selbst übernommen? Ist das der Grund, warum sich weder für den Park noch für das Gebäude ein Architekt ermitteln lässt? Denkbar wäre es, denn ihrer Familie väterlicherseits liegt das Bau- und Garten-Gen nachweislich im Blut.

In Ermangelung von Plänen lässt sich nur erahnen, dass um die Villa zunächst ein klassisch englischer Garten anlegt wurde, der Richtung Festland – getrennt durch eine Straße – in eine ausgedehnte Ökonomie und dann in die freie, scheinbar ungezähmte Natur übergeht. Auch hier sind die Ähnlichkeiten mit den de Beauharnais'schen Schlössern am Untersee nicht von der Hand zu weisen.

Lindau und die Villa Giebelbach um 1830

1895 kam es durch die damaligen Besitzer zu einer Neugestaltung im Stil des gemischten Landschaftsparks, 1973 wurde ein Uferweg durch das Privatgrundstück gebaut, der Park ist heute nur teilweise öffentlich zugänglich.

LANGENARGEN (FN)

Ein maurisches Schloss und die (vielleicht) schönste Promenade am See

Langenargen sollte von Gartenbegeisterten mit einem Schiff der Bodensee-Schiffsbetriebe (*BSB*) besucht werden. *Konstanz-Bregenz* heißt die Linie, und sie führt am Nordufer des Sees via Meersburg mit seinen barocken Schlossanlagen [→ Siehe S. 40 – Meersburg], Hagnau mit seinen Weingärten, Immenstaad, Friedrichshafen mit seinen zahlreichen Grünanlagen und vor allem dem Eriskircher Ried ins sogenannte *Städtle*.

Schon beim Einlaufen Richtung Landungssteg von Langenargen setzt auf unserem Gartenschiff Begeisterung ein. Spätestens an der Mündung des Flüsschens Argen (eigentlich schon vom Eriskircher Ried an) beginnt nämlich ein nahezu ununterbrochenes grünes, vielfach naturbelassenes Uferband, das bis zum Hafen reicht.

Kurz vor dem Aussteigen erstaunt direkt am Ufer ein weiterer Höhepunkt: *Schloss Montfort*. Zugegeben, ein Schloss allein wäre kaum der Erwähnung wert, wenn es sich nicht um eines der ungewöhnlichsten Gebäude am See handeln würde. Hier errichteten König Wilhelm I. von Württemberg (1781–1864) und sein Sohn Karl (1823–1891) – an drei Seiten vom See umgeben – eine Art Wasserschloss im maurischen Stil. Wer würde so etwas am Bodensee erwarten? Sechs Jahre dauerte der Bau und verschlang Unsummen von Geld. Aus heutiger Sicht war es das

wert, denn allein der Blick vom Schlossturm auf die Parklandschaft im nördlichen Hinterland oder auf den südlichen See und das Alpenpanorama verschlagen den Naturliebhabern die Stimme. Der dem Schloss (gelegentlich auch *Villa* genannt) am Festland vorgelagerte kleine Park kann seine Anleihen im Barock [→ Siehe S. 36 – Einführung] nicht verleugnen. Seine zentrale Achse – einst von Alleebäumen gesäumt – verläuft direkt auf das Hauptportal des Schlosses zu. Die Könige von Württemberg wussten sich ins richtige Licht zu setzen!

Wer nach Osten weitergeht, trifft auf die Langenargener Promenade. Sie zählt zu den längsten Uferwegen am gesamten See. Viele Gäste der Stadt halten sie denn auch für die schönste Flaniermeile ihrer Art am Schwäbischen Meer. Vorbei an zahllosen bunten Blumenrabatten bummeln Besucher wie Einheimische entspannt entlang des Wassers und belegen schon bald eine der zahlreichen Ruhebänke. Die Schweizer Gartenlandschaft am gegenüberliegenden Ufer vor Augen, beschleicht unsere Flaneure das Gefühl, mitten im Paradies zu sein.

www.langenargen.de

ÜBERLINGEN (FN)

Gartenpfad und noch viel, viel mehr

Stadt der Bodenseegärten. Gäbe es diesen Titel wirklich, welcher Gemeinde sollte man ihn als Erstes verleihen? Bischofszell? Lindau? Oder doch Überlingen? Die Antwort liegt auf der Hand – es kann eigentlich nur Überlingen sein!

Von der Freien Reichsstadt und der Gartenlust ihrer Bürger war schon einmal die Rede [→ Siehe S. 33 – Überlingen]. Eine Symbiose, die – wie der Gartenkulturpfad und der neue Uferpark für die Landesgartenschau 2020/21 [→ Siehe S. 81 – Überlingen] zeigen – bis zum heutigen Tag anhält.

Impressionen, warum Überlingen die erste Stadt der Bodenseegärten sein könnte

Über den Bäumen von Überlingen

Stadtgarten

Gastfreundlichkeit besitz in Überlingen eine lange Tradition. Aus dem Wunsch, ihren Besuchern ein besonderes Erlebnis zu bieten, entstand 1875 außerhalb der alten Stadtmauern ein Park, in dem noch heute auf engstem Raum eine Vielzahl mediterraner und exotischer Pflanzen gedeihen. Die ersten kamen, wie könnte es am Bodensee auch anders sein, von der Insel Mainau, auf der im ersten Drittel des 19. Jahrhunderts mit dem Fürsten Esterházy auch die Exotik eine Heimat gefunden hatte. Dank dieser gärtnerischen Schützenhilfe entstand in Überlingen einer der bedeutendsten botanischen Gärten am See. Er überzeugt durch seine Artenvielfalt und das Nebeneinander von gestalteten und ungestalteten Bereichen.

Rosengarten

Der 1939 angelegte westliche Teil des Unteren Stadtgartens besticht durch seinen französischen Einschlag, der sich durch geometrische Beete und Wegführung sowie durch prachtvolle Rosen und Blühsträucher auszeichnet.

Badgarten

Eigentlich ist er ein klein wenig älter als der Stadtgarten. Sein Gründungsdatum als Kurgarten lautet 1868. Ursprünglich handelte es sich sogar um den Garten des Kapuzinerklosters aus der Renaissance, aber das sieht man ihm heute nicht mehr an. Eine moderne Umgestaltung im Jahr 1953 schuf – zwischen dem ein wahres Arboretum bildenden alten Baumbestand – Blumenteppiche, Rasen und blühende Stauden, die zum Verweilen einladen.

Stadtgraben

Obwohl es seine Verteidigungsfunktion längst verloren hat, behielt dieses grüne Band bis heute seinen Namen. Es umfasst schmeichelnd die Altstadt und gliedert sich in mehrere Abschnitte, die zusammen einen Stadtpark der besonderen Art bilden.

www.ueberlingen-bodensee.de

Fast wie in Malmaison – der Rosengarten von Überlingen

Der Stadtgarten beherbergt in Überlingen eine sehenswerte Kakteensammlung

BREGENZ (VBG)

Im Arboretum der Fürsten von Thurn und Taxis

Obwohl es sich bei dem 16 000 Quadratmeter großen Stadtpark des Palais Thurn und Taxis in Bregenz um eine der wichtigsten botanischen und gärtnerischen Sehenswürdigkeiten am Bodensee handelt, kennen eigentlich nur Fachleute den Park richtig. Dabei gehört er zur malerischen und vielbesuchten Oberstadt und kann für sich durchaus in Anspruch nehmen, einer der Höhepunkte auf einem Rundgang zu sein.

Schon Kelten und Römer [→ Siehe S. 20 – Einführung] siedelten an dieser Stelle und legten höchstwahrscheinlich unbewusst den Grundstein für die Gartenbautradition in der Vorarlberger Landeshauptstadt. Die Ursprünge des heutigen Parks bzw. seiner Villa reichen ins Jahr 1848 zurück. Karl Theodor Gülich (1801–1862), ein Schmuckwarenproduzent aus Pforzheim, errichtete das Palais als repräsentatives Wohnhaus und legte einen heute untergegangenen Hausgarten mit Blumenbeeten und wahrscheinlich auch mit einer Baumbepflanzung an.

1884 erwarb Gustav Prinz von und zu Thurn und Taxis (1848–1914) das Anwesen und vergrößerte es in den folgenden Jahren. Zusammen mit seinem aus Böhmen stammenden Obergärtner Wenzel Smetana (Lebensdaten unbekannt) gestaltete er das Areal in einen nahezu stilreinen Landschaftspark um und setzte eine große Anzahl von einheimischen und exotischen Baum- bzw. Strauchgehölzen, die im milden Klima am See besonders gut gedeihen. Mit 110 Baum- und Straucharten (davon 33 Laubgehölz- und 78 Nadelbaum-Arten und -Varietäten) gilt der Park als das reichhaltigste Arboretum des österreichischen Bodenseeraums. Schon während der Monarchie weckte es gleichermaßen die Aufmerksamkeit und das Interesse von Fachleuten wie von Einheimischen. Kein Wunder, dass die Stadt Bregenz nach dem Tod des Prinzen

Das Palais der Fürsten von Thurn und Taxis

die Anlage kaufte, eine Stadtgärtnerei gründete und so den Park der Öffentlichkeit zugänglich machte. Zwar kam es in der Folge immer wieder zu Vorstößen, die Ländereien anderweitig zu nutzen, allerdings scheiterten sie alle. Die zahlreichen Begehrlichkeiten führten schließlich dazu, dass der Park 1929 als erste historische Gartenanlage in Österreich unter Denkmalschutz gestellt wurde.

Dank seines weitgehend unveränderten Aussehens und seiner pflanzlichen Vielseitigkeit stellt der Thurn- und Taxis-Park heute das vielleicht typischste Beispiel für einen Landschaftsgarten und ein Arboretum aus der zweiten Hälfte des 19. Jahrhunderts im Bodenseegebiet dar. Allein oder zusammen mit dem kleinen Park der *Villa Liebenstein* (um 1855) und dem Anwesen der *Villa Raczynski* (um 1877) ist er unbedingt einen Besuch wert.

Weitere Eindrücke bieten der *Bienen- und Naturgarten* sowie die *Bregenzer Seeanlagen* mit ihrem historischen Baumbestand von mehr als 350 Nadel- und Laubbäumen, Rhododendren, Azaleenarten. Im Frühjahr verwandeln 30 000 Tulpen den Uferstreifen zu einer Vorarlberger Mainau, und im Sommer verleihen unter anderem seine exotischen Pflanzen dem Park ein mediterranes Flair.

www.oeghg.at

KRESSBRONN (FN)

Der Schlösslepark – schöner als die Insel Mainau soll er sein!

Er hieß Karl Heisler (Lebensdaten unbekannt), stammte aus Freiburg im Breisgau und war Ingenieur bzw. Überseekaufmann von Beruf. Im April 1896 kaufte er das sogenannte *Schlössle*, bei dem es sich zeitgenössischen Quellen zufolge eigentlich um eine *Villa mit Turm in gemischter Bauart* handelte. Zu dem Anwesen gehörte ein Park, dessen Grundlage einer der Vorbesitzer, Freiherr Hans von und zu Aufseß (1801–1872), Altertumsforscher und Gründer des Germanischen Nationalmuseums in Nürnberg, geschaffen hatte.

Heisler, ein begeisterter Gartenliebhaber, setzte sich das ehrgeizige Ziel, seine Anlagen noch schöner als die der Insel Mainau zu gestalten. Eine Herkulesaufgabe! Um sie zu meistern, ließ er vielfältige Spazierwege anlegen und pflanzte rund 180 seltene, teils exotische Bäume an. 34 von ihnen gibt es heute noch zu bewundern. Zusätzlich legte er Wasserflächen an, stellte Statuen auf und ließ sogar einen Lesepavillon bauen. Sein Arboretum, das am nördlichen Bodenseeufer bis heute seinesgleichen sucht, erhielt so ein angemessenes Umfeld. Es folgten wirtschaftlich und politisch schwierige Zeiten, in denen der Park verwilderte. Die ursprüngliche Pracht schien unwiederbringlich verloren. Nach dem Krieg und der Besatzungszeit orientierten sich die Verantwortlichen in der Gemeinde an der ursprünglichen Idee des Landschaftsparks mit einem Arboretum und öffneten die Anlage. Viele Beete mit einer schier unübersehbaren Zahl von blühenden Blumen rufen im Besucher Erinnerungen an die Mainau, das große Vorbild zu Ende des 19. Jahrhunderts, hervor. Die Ähnlichkeit ist nicht zu übersehen.

Zusätzlich wurde seit 2009 auf dem Areal ein *Zengarten* nach japanischen Vorlagen: *Kare-san-sui* bedeutet *Berg ohne Wasser*, auch *Trockengarten* oder *Trockenlandschaft* angelegt. Dabei handelt es sich um eine Sonderform des japanischen Gartens, der nur aus Felsen, Kies und Steinen besteht. Außer Moosen und Moospflanzen existieren darin keine Pflanzen.

Abgerundet werden die sehenswerten Gartenangebote von Kressbronn durch den *Seepark* am Landungssteg und durch den 2007 eröffneten *Bauernpfad*, der als Rundweg durch Wein- und Obstgärten führt und vielfältige Informationen zur Flora, Fauna und Geologie am Bodensee bietet.

www.kressbronn.de

In Kressbronn präsentiert sich die Interpretation eines Landschaftsgartens der Gegenwart

Moderne und Gegenwart – Erlaubt ist, was Spaß macht und möglich ist

D ie Gärten des Historismus schöpften aus allen möglichen Stilrichtungen, nur den Barock und seinen Hang zur Symmetrie vernachlässigten die Künstler zunächst. Dies änderte sich allmählich wieder. Besonders bei Hausgärten entstand immer stärker die Forderung nach einer klaren Gliederung und Aufteilung. Dabei sollten verschiedene Arten von Gärten auf einem Grundstück nebeneinander bestehen können – ein repräsentativer Teil für die Schauseite und ein eher im Hintergrund befindlicher Nutzgarten. Wie im Barock bzw. Rokoko besannen sich dabei die Gartenkünstler auf den Zusammenhang zwischen Haus und Park. Die Gärten der Moderne ahmen aber die vergangene Epochen nicht einfach nach, sondern bevorzugen eine viel schlichtere Formensprache. Auch die Gärten des eigentlich eher verspielten Jugendstils achteten auf streng geometrische und rechtwinklige Formen und Muster. Gleichzeitig wurden öffentliche und private Grünflächen als ein Teil der Stadtplanung verstanden. *Grüne Bänder des Friedens* sollten sie sein, dazu dienten vor allem auch Schrebergärten und Stadtgärten, die allen Bevölkerungsschichten offenstanden. Repräsentative Überlegungen spielten zwar noch eine Rolle, traten aber eher zurück. Dafür verstärkte sich der Hang, auch der scheinbar ungezähmten Natur wieder mehr Platz einzuräumen.

Nach dem Krieg spielten öffentliche Grünanlagen zunächst kaum eine Rolle, sie beschränkten sich auf schmucklose Rasenflächen. Im Privaten setzte sich ein aus Amerika stammender Trend zum Wohngarten durch. Gleichzeitig kam es aber erneut zu einer Rückbesinnung auf

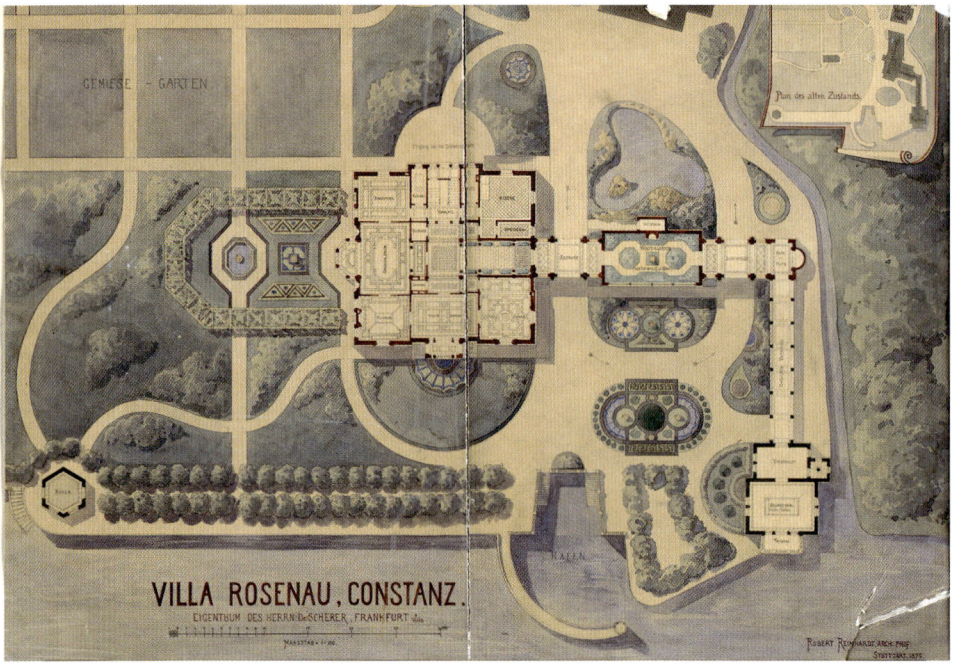

Lageplan mit Grundriss der Villa Rosenau, Konstanz

Kunstvoll arrangierte mediterrane Pflanzen und ein beeindruckendes Arboretum stehen für Stockach

Elemente des Landschaftsgartens aus dem 19. Jahrhundert; ein Garten, der nicht prachtvoll blühte, galt nicht als richtiger Garten. Mit der einsetzenden Globalisierung fassten zunehmend auch internationale Gartenstile Fuß, besonders der Einfluss des japanischen/asiatischen Gartens ist noch heute spürbar.

Obwohl es in der Gegenwart keinen allgemeingültigen Gartenstil mehr gibt, scheint es allgemeiner Konsens zu sein, dass in neu angelegten Gärten geometrische Formen und Geradlinigkeit Vorrang genießen. Damit werden aber andere Stilrichtungen nicht verbannt oder verdrängt.

Wollte man die Entwicklung der Gegenwart auf einen Nenner bringen, könnte man sie unter dem Satz *Erlaubt ist, was Spaß macht und möglich ist* zusammenfassen.

STOCKACH (KN)
Entree zum Park der Vulkane

Stockach gilt als das Tor zum Hegau. Folglich bildet sein Stadtgarten das Eingangsportal für die hier beginnende faszinierende und abwechslungsreiche Vulkanlandschaft.

Wer den Park betritt, ahnt davon aber zunächst noch nichts. Ihn erwartet ein wunderschöner gemischter Landschaftsgarten mit einem *Arboretum*, das in seine Gründungszeit zurückgeht. 1906 wurde er als *grüne Stube* der Stadt, ihrer Bürger und ihrer Gäste angelegt. Diesen Ruf erfüllt er zu Recht bis zum heutigen Tag.

Der Brunnen von Schloss Hahnberg inszeniert das Märchen vom Froschkönig

200 Quadratmeter Blumenbeete, kunstvoll gegliedert mit mediterranen Pflanzen, bilden den gestalteten sonnendurchfluteten unteren Teil. Der obere, extensivere gepflegte Teil bietet unter den mächtigen schattenspendenden Dächern des Arboretums naturbelassene Wiesen mit Wildkräutern und Wildsträuchern und damit Insekten ein reiches Nahrungsangebot.

Hier befindet sich auch der Gedenkstein an den Gründer des Stadtgartens, Bürgermeister Carl Walcker (Lebensdaten unbekannt). Seiner Naturverbundenheit ist es zu verdanken, dass der Park 1912 der Öffentlichkeit übergeben wurde. Bevor es allerdings so weit war, mussten die damaligen Gärtner Tausende von Pflanzen eingraben. So z. B. 325 Allee- und Schattenbäume und 700 Nadelhölzer aus 22 Sorten. Dazu noch 5800 Hintergrundsträucher. Was für eine wahrhaft prachtvolle Anlage der Kaiserzeit!

www.stockach.de

BERG (SG)

Schlossgarten Hahnberg – Kleines Versailles am Bodensee

Als das *Netzwerk Bodenseegärten* 2017 erstmals seinen begehrten Preis verlieh, war sich die Jury einig wie selten danach. Der erste *Garten-Oscar* gebühre keinem anderen als Adolf Röösli und seinem Engagement für die Natur. Speziell für seinen eigenen Garten beim Großen Hahnberg, auf halbem Weg zwischen Sankt Gallen (SG) und Arbon (TG).

Das Schloss selbst stammt aus der Renaissance [→ Siehe S. 30 – Einführung], genauer gesagt aus dem ersten Drittel des 17. Jahrhunderts. Außer dem Haus ist von der Ursprungsanlage allerdings kaum mehr etwas erhalten. Sein heutiger Garten stellt eine äußerst gelungene Verschmelzung von Vergangenheit, Moderne und Gegenwart dar.

Den Grundplan zeichnete der Landschaftsarchitekt Fritz (Fredy) Klauser (1885–1950) im Jahr 1919. Nach verschiedenen Besitzerwechseln verwilderte die Anlage praktisch bis zur Unkenntlichkeit. *Es war ein Ort, an dem eigentlich niemand mehr leben wollte*, sagt Adolf Röösli rückblickend und lacht. Kaum vorstellbar, denn das, was der heutige Schlossherr seit 1992 geschaffen hat, lässt sich eigentlich nicht in Worte fassen.

Auf ca. 10 000 Quadratmetern legte er ein kleines Arboretum mit vielen blühenden Gehölzen an und einen geometrischen Garten. Die traumhafte Südterrasse besticht mit Rosen und Dahlien, dazu gibt es eine Wildblumenwiese mit Lindenbaum, einen Gemüsegarten und einen großen Weinberg, der einen edlen Tropfen produziert. Ein großer Teich, ein Kaskadenbrunnen und ein Märchenbrunnen mit (echtem) Froschkönig runden das Erlebnis ab. Natürlich darf auch ein Gartenhaus dabei nicht fehlen. Alles verbunden durch Wege, die ihre Vorbilder aus dem Barock und dem 18./19. Jahrhundert beziehen.

Man möchte in Adolf Röösli einen der letzten Vertreter jener Universalgelehrten wie Alexander von Humboldt (1769–1859), Aimé Bonpland (1773–1853) oder Charles Darwin (1809–1882) sehen, wenn er voller Liebe für seine Pflanzen durch den Garten geht und die Blumen eigenhändig pflegt. Spätestens im Gartensaal seines Schlosses, mit Blick ins Grüne, und beim Erzählen von seinen weiteren Leidenschaften wie Musik, Geschichte und Kunstgeschichte meint man die großen Geister außen durch den Park lustwandeln zu sehen. Vornehm zurückhaltend, wie sie sind, warten sie höflich darauf, dass Herr Röösli sie zur Konversation hereinbittet.

www.bodenseegärten.eu

ÜBERLINGEN (FN)

Sankt Leonhard

Der heilige Leonhard und 70 Hektar Landschaftsgarten – wenn das kein Angebot ist! Allerdings reicht der Park des gleichnamigen Anwesens nicht ganz in die Lebenszeit des Heiligen (um 500 bis 559) zurück. Das wäre auch übertrieben. Um 1900 lautet die korrekte Datierung.

Überlingen, das in dieser Zeit auch die Bezeichnung *Nizza am Schwäbischen Meer* erhält, entwickelt sich zum mondänen Urlaubs- und Badeort am Bodensee. Um das anspruchsvolle, aber auch zahlungskräftige Publikum standesgemäß unterbringen zu können, entsteht in einer der schönsten Lagen über dem sogenannten *Überlinger See* ein Hotel. In Anbetracht seines riesigen Parks möchte man fast sagen, eine Art *Grandhotel*.

Während das Hotel ganz der Gegenwart verpflichtet ist, scheint es im Park fast so, als ob die Zeit stehen geblieben wäre. Unter den mannigfaltigen Gartenstilen des Historismus und der beginnenden Moderne wählten sich die Gründer des Anwesens den bodenseetypischen Landschaftspark aus. Gekonnt in einen wiesenüberzogenen Abhang platziert, wechseln sich Baumgruppen mit Buschkombinationen und wuchtigen Solitären ab. Eine schattenspendende Allee aus Linden begleitet den Gast vom Hotel in den Park, wo auch ein historischer Obstgarten mit alten Apfel- und Birnensorten auf seine Entdeckung wartet. Ihre Abrundung erfährt die Anlage durch den Kräutergarten, in dem heimische und mediterrane Küchenpflanzen darauf warten, geerntet zu werden.

www.parkhotel-st-leonhard.de

Nicht nur die Lindenallee fordert in Sankt Leonhard zum Flanieren auf

Sichtfenster über den See Richtung Mainau und auf die Alpen

Gartendenkmal Stiegeler Park

In Konstanz haben die Bürger vor der Stadt sehr schöne Gärten, und besonders gibt es einen Garten am See [...], der ist überaus schön, mit allen nötigen Häusern und Zubehör, schrieb Hans von Waltheym (1422–1479) im Jahr 1474, als er die Bodenseemetropole im Rahmen einer Pilgerfahrt besuchte. Die Aussage Waltheyms könnte auch aus dem 21. Jahrhundert stammen, denn noch immer sind sich viele Konstanzerinnen und Konstanzer ihrer grünen Tradition und Verantwortung bewusst. Liebevoll pflegen sie ihre manchmal kleineren und manchmal größeren Gärten. Ein bewundernswertes Beispiel bürgerschaftlichen Engagements, das Einheimischen wie Gästen und vor allem der Umwelt zugutekommt.

Im Gegensatz zum 15. Jahrhundert liegen die wenigsten dieser Gärten heute noch vor der Stadt. Aufgrund des Anwachsens der Bevölkerung und einer geförderten Nachverdichtung sind sie längst umbaut und parzelliert. So wurden sie zum festen Bestandteil des Stadtbildes. Größere zusammenhängende Flächen, wie sie noch im 19. Jahrhundert zur Verfügung standen, gibt es nur noch selten.

Das neben der Insel Mainau wahrscheinlich bemerkenswerteste Beispiel dieser Art liegt am sogenannten Jakobs-Steg bei der Bodensee-Therme, gleich neben dem Naherholungsgebiet *Konstanzer Hörnle*. Wer heute auf dem Seeuferweg daran vorbeigeht und in den Garten schaut, der kann nicht anders, als von dem gepflegten ca. 2 Hektar großen Anwesen beeindruckt sein.

Ein wahres Eldorado für Flora und Fauna. Tiere und Pflanzen aller Art erfreuen sich am historischen Baumbestand und den großen Freiflächen, die nur zurückhaltende Blumenbeete aufnehmen. Für den flüchtigen Betrachter vermittelt die Anlage den Eindruck eines fast reinen englischen Landschaftsgartens. *Schön, dass sich hier seit dem 18. Jahrhundert nichts verändert hat*, geht den Flaneuren durch den Kopf … aber sie bzw. er täuschen sich gewaltig! Noch vor etwas mehr als 100 Jahren präsentierte sich hier eine ruinöse Industrielandschaft. Lärmende Bagger förderten Kies aus dem Seegrund, und kolossale Lastkähne fuhren nah ans Ufer, um die kostbare Fracht aufzunehmen. Wer genau hinsieht, erkennt im Flachwasser sogar heute noch Spuren der Verlademechanik. Einige Jahre vor dem Ersten Weltkrieg war alles vorbei, die Bodenschätze aufgebraucht, die Bagger verschwanden. Zurück blieb eine klaffende Wunde in der Natur, die ohne menschliches Zutun bis heute wohl nicht geheilt wäre.

Es ist dem großherzoglich-badischen Kommerzialrat Wilhelm Stiegeler (1871–1939) zu verdanken, dass es anders kam. 1918 kaufte er die Brache und ließ an manchen Stellen bis zu drei Meter Erde aufschütten. Wer den Garten plante, ist unbekannt, ein Hofgärtner der Mainau soll daran beteiligt gewesen sein. In den folgenden Jahrzehnten kam es immer wieder zu kleineren Veränderungen, gestalterische Elemente und Bauten mit inbegriffen. Allerdings ordnet sich al-

Moderne Kunst, Park und See gehen bei Familie Stiegeler eine gelungene Symbiose ein

Selbst das Gartenhäuschen trägt im Stiegeler Park zur Inszenierung bei

les dem ursprünglichen Park und seinem Wesen unter. Darauf legen Elisabeth und Alexander Stiegeler, die heute Verantwortlichen, besonderen Wert. *Die Villa Stiegeler besitzt mit ihrem Landschaftspark die letzte Gartenanlage in diesem Abschnitt des Bodenseeufers, die sich in ihrer originalen Größe weitgehend erhalten hat und die Großzügigkeit solcher Anlagen des 19ten und frühen 20sten Jahrhunderts bezeugt*, entschieden Denkmalpfleger zu Recht und nahmen das Ensemble 2010 in die Liste der unbeweglichen Bau- und Kulturdenkmale Baden-Württembergs auf.

www.stiegeler-park.de

KREUZLINGEN (TG)

Seeburg – ein Park mit erstaunlicher Vergangenheit

Das Anwesen erstreckt sich am Südufer der sogenannten Konstanzer Bucht und ist mit seiner 2,5 Kilometer langen Seeuferanlage der größte öffentliche Erholungs- und Naturpark am Bodensee. In seinem Zentrum liegen das Schloss Seeburg mit seinem Restaurant und das Seemuseum Kreuzlingen.

Anders als bei den bisher erwähnten Anlagen lässt sich die Geschichte des Seeburgparks nicht so einfach beschreiben. *Die* Geschichte gibt es nämlich nicht. Sie besteht aus mehreren Überlieferungssträngen, die erst im Jahr 1958 zusammenlaufen. Anschließend brauchte es noch weitere Jahre, bis das heutige Naherholungs- und Naturschutzgebiet entstand.

Erste Wurzeln führen zurück ins 15. und 16. Jahrhundert. Spätestens zu diesem Zeitpunkt errichtete sich ein Konstanzer Patrizier vor den Toren der Stadt direkt am Ufer ein Landgut, das den Namen *Seeschlösschen Neuhorn* trug und schon einen kleinen Renaissance-Lustgarten [→ Siehe S. 30 – Einführung] besaß sowie landwirtschaftlich genutzte Gärten. Seit 1618 diente es den Äbten des nur wenig entfernten Augustinerklosters Kreuzlingen als Lusthaus und wurde nach

Der Seeburgpark ist heute ein Kunstwerk aus Biotop, Landschaftspark und Ziergarten des Historismus

dem Dreißigjährigen Krieg erneuert. Nach der Auflösung des Klosters folgten unterschiedliche Nutzungen. 1852 kam es zu einer Namensänderung, nun hieß die Anlage *Seeburg*.

Fünf Jahre später kaufte Gottfried Ferdinand Ammann (1818–1894) das Anwesen und vergrößerte die Liegenschaft beständig. Sein Sohn Ferdinand (1850–1924) ließ das Schloss 1879/80 in einer Mixtur aus Neugotik und Neorenaissance historistisch umgestalten, und ein weiterer Ammann, August (1850–1924), schuf schließlich zwischen 1894 und 1896 den herrschaftlichen Landschaftspark und einen Bootshafen. Direkt vor dem Schloss entstand ein entzückender kleiner geometrischer Garten im Stil des Neobarocks. 1906 schließlich übernahm Georg Gottfried Volkart-Ammann (1850–1928) das Anwesen und legte im südlichen Teil des Parks ein beeindruckendes Arboretum an. Nach seinem Tod brauchte es einige Zeit, bis 1958 schließlich die Stadt Kreuzlingen das etwas mehr als 18 Hektar umfassende Schlossgut übernahm.

Damit arrondierte sie ihr 1922 begonnenes Hafenareal erheblich Richtung Osten. Die Umgebung und der Hafen selbst erhielten dem Geschmack der Moderne entsprechend eine geometrische Architektur mit teils heute noch vorhandenen Platanen- und Pappelalleen. Während der Seeburgpark sofort der Öffentlichkeit als Erholungsanlage zur Verfügung gestellt wurde, entschied man sich, das direkte Seeufer und seine Flachwasserzone als eine Art Mülldeponie zu nutzen und die Feuchtgebiete Stück für Stück aufzuschütten. Knapp 30 Jahre später erfolgten beeindruckende Renaturierungsmaßnahmen. Es entstand eine Weiherlandschaft, flankiert von zwei Naturschutzgebieten, von denen das westliche aus der sogenannten *Wollschweininsel* im See besteht. Parallel dazu kam es zur Einrichtung von verschiedenen Elementen zur *Unterhaltung und Belehrung*, wie es damals hieß, darunter ein Tiergehege mit Vogelvoliere sowie ein Heilkräuter- und Gewürzgarten. Sport- und Freizeitanlagen runden das Angebot ab. Durch den Ankauf der südöstlich des *Seemuseums* gelegenen früheren *Fabrikantenvilla Cécile* (auch *Hörnliberg* genannt – heute Jugendherberge) konnte für das Areal ein organischer Abschluss geschaffen werden. Die gesamte Parkanlage wird heute im Sinne des klassischen Landschaftsparks vorbildlich nach ökologischen Gesichtspunkten gepflegt, wobei die einheimische Flora und Fauna Vorrang genießt.

www.kreuzlingen.ch

RADOLFZELL (KN)

Im schönsten Wartesaal

Als im Rahmen des Eisenbahnbaus während der 1860er-Jahre das Gelände vor der mittelalterlichen Stadtmauer von Radolfzell bis weit in den See erheblich aufgeschüttet wurde, dachte wohl noch niemand daran, dass hier einmal eine blühende Insel der Ruhe inmitten einer modern-pulsierenden Stadt entstehen sollte. Ungefähr 60 Jahre später war es dann aber so weit. Der ehemalige Stadtgraben konnte dank einer großzügigen bürgerlichen Schenkung 1924 der Öffentlichkeit übergeben werden. Besucher und Einheimische waren gleichermaßen entzückt! Ein zeitgenössischer Dichter nannte ihn gar *den schönsten Wartesaal Deutschlands*, und dieses Kompliment blieb als Bonmot bis heute erhalten. Allerdings greift es ohne Frage zu kurz, denn der Stadtgarten ist viel mehr als ein *Wartesaal*, er ist wahrlich eine Gartenoase der besonderen Art.

Die früher vorhandene exotische Bepflanzung verschwand vor einiger Zeit und schuf Raum für heimische Pflanzen und mehrjährige Staudenbeete.

Neben aller modernen, naturnahen Gestaltung weht aber auch noch ein Hauch von Nostalgie durch die Anlagen. Der frühere Musikpavillon im Zentrum, einer der wenigen erhaltenen seiner Art, gilt als Sehnsuchtsort. Bis heute zieht er Spaziergänger sowie Gartenfreunde an. Wer beim Umrunden seinen Gedanken freien Lauf lässt, der hört vielleicht, wenn er tief in sich hineinlauscht, (ganz leise) einen der (Operetten-)Gassenhauer aus den 1920er-Jahren.

Im schönsten Wartesaal am Bodensee

Auf der Suche nach Gärten- und Parks werden Besucherinnen und Besucher in Radolfzell aber noch an vielen anderen Orten fündig. Die weit in den Untersee hinausragende Halbinsel Mettnau z.B. bietet nicht nur mit ihrem *Mettnaupark* im Stil eines englischen Landschaftsgartens ein sehenswertes Ensemble. Als weitere Geheimtipps gelten der ins Jahr 1938 zurückgehende Natur- und Kräutergarten von Familie Christ oder der Streuobstsorten-Garten im ländlichen Vorort Möggingen. Wer die Gegenwart bevorzugt, besucht die Schaugärten Gnädinger in Böhringen. Hier heißt das Motto: *Landschaftsgarten im Wandel der Jahreszeiten.*

www.radolfzell.de
www.naturheilpraxis-sabine-christ.de
www.gnaedinger-gaerten.de

Im Mittelalter wehrhafter Stadtgraben, heute blühender Stadtgarten von Radolfzell

Palais zwischen Hof und Garten. Eine bessere Beschreibung kann es für Stein Egerta nicht geben

SCHAAN (FL)

Stein Egerta – die Gärten eines Spions

Sobald der Name *Liechtenstein* fällt, entsteht eine Aura des Exquisiten, des Außergewöhnlichen, des Geheimnisvollen. Das gilt auch hinsichtlich seiner Gärten. Natürlich besitzt auch das Schloss der regierenden Fürsten in Vaduz (FL) einen wunderschönen Park, aber er soll hier nur am Rande Erwähnung finden, denn er ist nur selten für die Öffentlichkeit zugänglich. In diesem Beitrag geht es um eine der schönsten Liegenschaften im Fürstentum, um das Seminarzentrum für Erwachsenenbildung Stein Egerta, auch *Villa Steinegerta* oder *Villa Ruscheweyh* genannt.

Die Anlage besteht aus drei geometrisch angeordneten Gebäuden, die einen Innenhof bilden, und wurde zwischen 1942 und 1943 als privates Refugium bzw. Residenz eines geheimnisumwitterten Waffenhändlers und Geheimagenten Rudolf Ruscheweyh (1905–1954) erbaut. Als Vorbild dienten den beiden Architekten Carl Lippert (Lebensdaten unbekannt) und Arnold von Waldkirch (1903–1994) aus Zürich adlige Landgüter des 18. und 19. Jahrhunderts aus Frankreich, deren Stil und Struktur sie in die Moderne übertrugen. Das gesamte Anwesen bildet ein Achteck und ist von einer hohen Mauer umgeben. Es folgt dem Prinzip des *Hôtel entre cour et jardin*, eines Palais zwischen Hof und Garten, und besteht aus einem Vorhof, der von einem Verwalter- bzw. Bedienstetengebäude sowie einem Garagen- und Stallgebäude flankiert wird. Daran schließt sich eine Auffahrt an mit einem zentralen Brunnen. Vorgelagert und der Öffentlichkeit zugänglich ist ein 13 500 Quadratmeter großer, im Stil eines englischen Parks angelegter Garten. Für dessen Planung zeichnete der Landschaftsarchitekt Gustav Ammann (1885–1955) verantwortlich, der in der ersten Hälfte des 20. Jahrhunderts die Schweizer Gartenarchitektur entscheidend prägte.

Der Park ist bis heute ein gärtnerisches Juwel und steht unter Denkmalschutz. Mit seinen mächtigen Bäumen und prachtvollen Blumenbeeten und Rosen entspricht er den Prinzipien des gemischten Landschaftsgartens [→ Siehe S. 54 – Einführung]. Vor Ort wird der Besucher mittels eines Gartenrundgangs durch die verschiedenen Gartenteile geleitet. Im Künstlergarten gilt es z. B. zahlreiche Skulpturen zu bewundern, der Bereich um das ehemalige Schwimmbecken dient heute als Veranstaltungsort für vielfältige kulturelle Aktivitäten.

www.steinegerta.li

MAINAU (KN)

Die Blumeninsel

Es fällt unendlich schwer, die Mainau chronologisch richtig einzuordnen, denn sie erfindet sich praktisch jährlich neu. Ständig wird geplant, gebaut und verändert – Liebgewonnenes aus der eigenen Geschichte verschwindet und macht Platz für eine Gegenwart, die in ein paar Jahren vielleicht schon wieder Vergangenheit ist. Historismus, Moderne und Gegenwart verschmelzen zu einem beeindruckenden Gesamtkunstwerk. Hier ausgewählte Beispiele:

1853, knapp 14 Jahre nachdem der uneheliche Sohn des Fürsten Esterházy [→ Siehe S. 64 – Mainau] die Insel Mainau veräußert hatte, kaufte der badische Großherzog Friedrich I. (1826 bis 1907) als Privatmann die Insel und richtete dort seine Sommerresidenz ein. Der Monarch, ein begeisterter Pflanzenliebhaber, führte das Werk des österreichisch-ungarischen Fürsten fort – trennte sich aber weitgehend von dessen Intentionen und schuf eigene neue Kompositionen, die aber später wieder verändert und erweitert wurden.

Arboretum (1830/1864)

Der wahrscheinlich älteste Teil des Mainauer Parks geht in seinem Kern wohl noch auf den Fürsten Esterházy zurück. Er pflanzte u.a. einen Tulpenbaum, der heute im von Großherzog Friedrich angelegten Arboretum steht. Friedrich ließ die Anlage auf einer landwirtschaftlichen Nutzfläche anpflanzen.

Italienischer Rosengarten (1871/1961/1980)

Obwohl der historische Barockgarten [→ Siehe S. 36 – Einführung] der Insel an einer anderen Stelle angelegt war, nimmt der sogenannte *Italienische Rosengarten* seine formale Gestaltung auf und lässt dank seiner Blütenpracht nicht nur im Frühsommer die Herzen aller (Rosen-)Verliebten höherschlagen. Bis in die Gegenwart wurde er mehrfach erweitert und den Wünschen der Besucherinnen und Besucher angepasst.

Der Rosengarten aus dem Historismus nimmt viele Anleihen aus der Barockzeit auf

Die Italienische Blumen- und Wassertreppe bringt auch in der Gegenwart mediterranes Flair

Die meisten Sichtachsen richten sich im Singener Stadtpark auf den Hohentwiel aus

Graf Lennart Bernadotte, Urenkel des Großherzogs, übernahm 1930 von seinem Vater die Verwaltung des mittlerweile nur noch wenig beachteten Eilands. Mit seinem beherzten gärtnerischen Eingreifen begann die Erfolgsgeschichte der heutigen Mainau. Immer mehr Gäste kamen an den Bodensee, um die Mainau und ihre Anlagen zu besichtigen. Die steigenden Erwartungen und veränderten Interessen des Publikums erforderten Anpassungen:

Ufergarten (1952/1975)

Nach dem Krieg kam verständlicherweise der Wunsch nach üppigen Blüten auf. Dem trugen die Mainaugärtner einerseits durch die Anpflanzung von prächtigen Rhododendren Rechnung, andererseits durch ein filigranes Blumenband, das im Frühjahr aus unzähligen Tulpen besteht und anschließend mit seinen Sommerblühern punktet. Besonders prachtvoll sind die knapp drei Meter hohen Fuchsiensträucher. 1975 kam ein Blumenrelief dazu, das den Bodensee und seine wichtigsten Städte in stilisierter Form zeigt. Früher eines der bekanntesten Fotomotive, nimmt es fast schon das Signet der Bodenseegärten vorweg.

Mediterranterrasse (1964–68/1979)

Wer die römischen *Villae rusticae* [→ Siehe S. 20 – Einführung] und ihre stete sehnsuchtsvolle Aussicht auf die Alpen Richtung Italien kennt, der versteht, warum die Gärtner der Insel ausgerechnet an dieser Stelle der Mainau eine mediterrane Terrasse mit entsprechendem Blumenschmuck planten und umsetzten. Auch wenn sie nicht aus Italien kamen, träumten die Menschen gerade in dieser Zeit wieder von dem Land, *in dem die Zitronen blühen*, und strebten danach, ein Stück davon auch nördlich der Alpen zu finden.

Italienische Blumen- und Wassertreppe (1981–82/2007)

Das mediterrane Flair zieht sich wie ein Roter Faden über die Insel – hinterließen die Römer (sie sollen hier einen Flottenstützpunkt unterhalten haben) ein spezielles immaterielles Erbe, das noch heute spür- und sichtbar ist?

Mit der Italienischen Treppe jedenfalls wurde die Blumentradition des Mittelmeeres wieder aufgenommen und in die Moderne überführt. Die hoch oben liegende Mediterranterrasse erfuhr eine Fortführung in Richtung See. Ihren Abschluss erhielt sie im Rahmen des Kunstprojektes *Ein Traum vom irdischen Paradies*.

Nach dem Tod ihrer Eltern leiten heute die beiden ältesten Kinder des Paares, Gräfin Bettina und Graf Björn Bernadotte, die Geschicke der Insel. Wie in allen früheren Epochen stellt auch die Gegenwart neue Herausforderungen. Ökologischer Gartenbau, Klimawandel, Nachhaltigkeit, Biodiversität sind nur einige Schlagworte. Die Insel nimmt sich dieser Themen intensiv und erfolgreich an. Dabei sucht und findet sie bemerkenswerte Lösungen.

Comturey – Parklandschaft en miniature auf dem Dach (2012–2014)

Wenn Fürst Pückler bei seinem Besuch auf der Mainau diese spezielle Art von *Hängenden Gärten* schon gesehen hätte, wäre sein Urteil [→ Siehe S. 64 – Mainau] vermutlich milder ausgefallen. Das Dach des historischen *Comturey-Turms* (13. Jahrhundert) und des neuen Restaurantgebäudes am Hafen bildet heute ein ökologisches Wunder. Dank umweltfreundlicher Dachaufbauten und ausgeklügelter natürlicher Bewässerungssysteme konnte der vom Schlossplateau herabführende Hortensienweg auf die Bedachung fortgeführt werden, wo er in einen kleinen zusätzlichen Parkteil mündet, der seinerseits in den Ufergarten übergeht. Auf dem Dach allein wurden mehr als 12 000 Pflanzen in über 200 Sorten gepflanzt. Die Stauden und Gehölze gedeihen so üppig, dass die Besucher keinen Unterschied mehr zwischen der gewachsenen und der künstlichen Parklandschaft sowie den darunter befindlichen Bauten erkennen.

www.mainau.de

SINGEN (KN)
Vom Erbe einer Landesgartenschau

Auch wenn die Ursprünge bis 1909 zurückreichen – der beliebte Singener Stadtgarten ist ein Kind der letzten Jahrhundertwende. Im Jahr 2000 fand die Landesgartenschau Baden-Württemberg in der Hohentwiel-Stadt statt. Ein Ereignis, das auch heute nach über 20 Jahren positive Auswirkungen hinterlässt. Ausgehend vom *Alten Stadtgarten*, in dem noch die Tradition des historistischen Landschaftspark zu spüren ist, erfuhr die Anlage stadteinwärts eine Erweiterung durch einen Staudengarten und stadtauswärts einen modernen, extensiv gepflegten Bereich voll von blühenden Streuobstwiesen, wie sie für die Hegaulandschaft besonders im Frühsommer typisch ist. Themenbereiche wie ein *Garten der Schöpfung* runden die sehenswerte Anlage ab.

tourismus.in-singen.de

RORSCHACH (SG)
Skulpturengarten Würth Haus

Freunde der Bodenseegärten empfinden beim Besuch des Würth Hauses nichts anderes als Erstaunen und – je nach Geschmack – vielleicht auch etwas Dankbarkeit. Denn sie oder er sind nun ohne Zweifel (endlich) in der Gegenwart und bei einer zeitgenössischen (Landschafts-)Architektur angekommen. Hier erlebt man – wie das Haus selbst sagt – auf allen Ebenen *Momente, die begeistern. Das Würth Haus Rorschach versteht sich als visionärer Ort der Begegnung, der Kultur, des Genusses.*

Je nachdem, welcher Standpunkt eingenommen wird, stellt der Skulpturengarten eine logische Fortsetzung oder eine Einführung in die international beachteten Ausstellungen des Forums Würth, des musealen Bereichs des Würth Hauses, dar. Zusammen mit dem gesamten Anwesen blickt die Außenfläche auf eine etwas mehr als siebenjährige Geschichte zurück. Kein Wunder also, dass er in seiner Gestaltung ganz an der vornehmen Zurückhaltung des Hier und Jetzt orientiert ist. Gleichzeitig übernimmt er aber auch Elemente des Landschaftsparks Pückler'scher Ausprägung. Verschlungene Wege verführen in diesem *Jardin extraordinaire* dazu, immer wieder neue Blickwinkel auf die ausgestellten Skulpturen zu werfen. Dann sind es plötzlich ins scheinbar Unendliche des Sees führende Sichtachsen, die einem dem Atem rauben. Zwischenräume von Bäumen leiten den Blick aufs Wasser; wohin? Warum? Weiß der Landschaftsarchitekt etwa mehr? Was mag sich am anderen Ufer verbergen?

Die Flaneure durch den Skulpturengarten erwartet ein Panorama der modernen Bildhauerei mit charmanten, zum Teil bespielbaren Mosaik-Skulpturen wie der *Bär* oder *Large Bull Totem* von Niki de Saint Phalle. Sein wirkliches Alleinstellungsmerkmal aber ist das gelungene Zusammenspiel aus den eindrucksvollen Kunstsammlungen Würth, aus der Lage am See und aus seiner modernen, zweifellos zeitlosen Architektur.

www.wuerth-haus-rorschach.ch

VADUZ (FL)

Weltacker – ein Projekt, das nachdenklich stimmt

Das 2018 ins Leben gerufene *Projekt Weltacker* ist ein Garten der besonderen Art. Die Grünfläche umfasste bisher eine Fläche von 2000 Quadratmetern, also genau die Größe der Ackerfläche, die der Weltbevölkerung heute (noch) pro Kopf zur Verfügung steht. Beginnend mit dem Jahr 2021 wird der Weltacker zum *Ernährungsfeld* ausgebaut. Es zeigt die durchschnittlich benötigte Fläche zur Ernährung eines Menschen im Verhältnis zur tatsächlich zur Verfügung stehenden Ackerfläche.

Ziel des Projektes ist es, *einerseits die Vielfalt an Nahrungspflanzen (Aspekt Ernährung)* zu zeigen *und andererseits die Knappheit der Ressource Ackerland (Aspekt Ressourcenverbrauch)* zu thematisieren. Der Besucher hat so die Möglichkeit, sich mit den verschiedenen Gartensorten innerhalb der Landwirtschaft und ihrer Bepflanzung auseinanderzusetzen. Angebaut werden spezielle Kulturpflanzen, die für die Ernährung des Menschen wichtig sind.

Dadurch soll eine Sensibilisierung der Bevölkerung erreicht werden: *Um die menschliche Ernährung langfristig sicherzustellen, braucht es eine verantwortungsvollere Nutzung der begrenzten natürlichen Ressourcen*!

www.tourismus.li

ÜBERLINGEN (FN)

Uferpark

(Landes-)Gartenschauen sind für alle Beteiligten ein Gewinn. Zunächst natürlich für die Gartenbegeisterten, denen – je nach Standort – eine Vielzahl unterschiedlicher Aspekte geboten werden. Dann aber vor allem auch für die Einwohnerinnen und Einwohner der Standortgemeinden und ihre Gäste. Die (neu) entstehenden Anlagen bedeuten meist eine erhebliche Steigerung der Lebensqualität und Zufriedenheit.

Ein besonders schönes Beispiel stellt das Gelände der Landesgartenschau Baden-Württemberg in Überlingen dar. Von Natur aus reich an Gärten – möchte man fast sagen –, erhielt die Stadt in ihrem Westen 2019 einen dauerhaften, rund sechs Hektar großen zusätzlichen Uferpark.

Garten, Skulpturen und See verschmelzen vor dem Forum Würth in Rorschach: Horst Antes,
Vier Figuren, 1989–1991

Angelegt nach Prinzipien der Ökologie und der gegenwärtigen Gartenarchitektur, meistert er geschickt den Spagat zwischen Anforderungen eines modernen Bürgerparks mit attraktiven Freizeit- und Spielbereichen und den Erfordernissen einer schutzbedürftigen sowie empfindlichen Flora und Fauna am See. Auf diese Weise schließt sich in Überlingen fast ein Kreis der Bodenseegärten. Beginnend im späten Mittelalter/der Renaissance [→ Siehe S. 30ff.] über den Eklektizismus [→ Siehe S. 54ff.] gelangt man mit vielen erlebnisreichen Zwischenschritten in der ganzen Stadt zur Gegenwart.

Der neue Park – angelegt auf einer früher nur teilweise zugänglichen Gewerbezone – schafft mit seiner naturnahen Ufergestaltung beeindruckende Seeanschlüsse und Freiräume. Großer Wert wurde dabei auf standorttypische und heimische Pflanzen sowie Baumaterialien gelegt. Extensive Wiesen mit heimischen Kräutern und Blumen und intensiv genutzte Rasenflächen wechseln sich ab. Direkt an der Wasserlinie führt die Renaturierung zur Wiederansiedelung des früher typischen *Strandrasens* mit den streng unter Schutz stehenden Bodensee-Vergissmeinnicht und der Strand-Schmiele, zwei Arten, die weltweit (fast) nur noch am See eine Heimat haben und massiv vom Aussterben bedroht sind.

Auch wenn die Landesgartenschau vorüber ist, profitieren auf diese Weise alle von den enormen Anstrengungen einer solchen Veranstaltung: Die Natur, die Menschen und nicht zuletzt das Gemeinwesen, auf dessen Terrain sich temporär für ein Jahr alles um das Thema Gärten drehte.

www.ueberlingen2020.de

Überlingen: Nachhaltige Erinnerung an die erste Landesgartenschau am Bodensee

Künstler, Kräuter, Heilpflanzen – Kreativität kennt keine Grenzen

Man darf sie wohl als eine Spielform der Moderne und/oder Gegenwart bezeichnen, die Gärten der Künstler und die Themengärten rings um den See. Auf alle Fälle sind sie ein Ausdruck von höchster Individualität, folgen nur den Vorstellungen einer bestimmten Persönlichkeit oder verpflichten sich einem speziellen Thema. Stilmerkmale? Negativ. Künstlerische Kreativität hält sich nicht an Schemata!

Der Ursprung der *Künstlergärten* liegt wohl am Ende des 19. Jahrhunderts: Mehr oder minder wohlhabende Bürger und Künstler aus Großstädten versuchten, ein Stück »heile Welt« zu finden. Andere flüchteten vor politischen Repressalien und experimentierten mit Selbstversorgung oder der bunten Pracht von Bauerngärten. Ihnen allen boten der Bodensee und sein Umland – zumindest zeitweise – eine Heimat.

GAIENHOFEN (KN)
Hermann- und Mia-Hesse-Garten

Ich baute einen Garten [...], schrieb der Schriftsteller Hermann Hesse (1877–1962) in seinem Buch *Am Bodensee* und fuhr fort: *Ich [...] pflanzte Bäume [...] und eine Menge von Beerensträuchern [...] und wir hatten damals die Erdbeeren und Himbeeren, den Blumenkohl und die Erbsen und den Salat im Überfluss.*

Kann es eine schönere Ode an einen Garten geben als diese Zeilen? *Ich baute einen Garten* – was für ein klares und deutliches Bekenntnis für eine Leidenschaft!

Als der Künstler 1904 mit seiner Frau nach Gaienhofen (KN) auf die Halbinsel Höri zog, ließ er sich vom Gedankengut der Lebensreform-Bewegung beeinflussen und legte einen ca. 9000 Quadratmeter großen Zier- und Selbstversorgergarten an, den er nach ökologischen Prinzipien bewirtschaftete. *Zurück zu einem natürlichen Leben* lautete das Credo. Nach seinem Wegzug verwilderte der Garten zusehends. Dank dem Engagement der heutigen Eigentümerin Eva Eberwein wurde der nördliche und südliche Teil der Anlage einfühlsam wiederhergestellt und darf im Rahmen von öffentlichen Führungen besichtigt werden.

www.mia-und-hermann-hesse-haus.de

HEMMENHOFEN (KN)
Otto- und Martha-Dix-Garten

Ein schönes Paradies. Zum Kotzen schön, soll er über die Parklandschaft am Bodensee gesagt haben. Diese negative Einstellung änderte sich aber bald. Der exzentrisch-geniale Maler Otto Dix (1891–1969) erlag – wie praktisch alle Menschen – der idyllischen Schönheit des Untersees. Hierhin hatte er sich zu Beginn der nationalsozialistischen Diktatur zurückgezogen. Mit Blick in den freien Thurgau ließ sich der Künstler an steiler Hanglage ein Haus bauen, das natürlich auch über einen Garten verfügte. Anders als Hermann Hesse fand Otto Dix keinen Bezug zum Gärtnern. Dank dem unermüdlichen Einsatz seiner Frau Martha und des gemeinsamen Sohnes Jan bildeten Haus und der kleine umgebende Park mit seinen mächtigen Bäumen aber schon bald eine harmonische Einheit. So entstand ein sehenswerter Wohn-

Westansicht des Museums Haus Dix

garten im Stil der Moderne [→ Siehe S. 78 – Einleitung]. Das *Museum Haus Dix* darf auf einer Gartentour auf keinen Fall fehlen!

www.gaienhofen.de

Bibelgärten stellen eine besondere Form von Themengärten dar, bei denen neben dem Erlebnis von Pflanzen aus biblischer Zeit auch ein Bildungsziel verfolgt wird. In diesem Fall die Veranschaulichung der Heiligen Schrift und ihrer Zusammenhänge. Bibelgärten pflegen ihre ähnlichen Inhalte sowohl aus jüdischer wie auch aus christlicher Überlieferung heraus. Obwohl sich der Islam ebenfalls auf das Alte Testament bezieht, sind aus dieser großen Weltreligion bisher keine entsprechenden Gärten bekannt.

GOSSAU (SG)

Der Bibelgarten

Wie kann heute ein ehemaliger Gottesacker, sprich Friedhof, mitten in einer belebten Stadt sensibel wiederbelebt werden, ohne dass es dabei zu inhaltlichen Konflikten kommt? Die katholische Kirchengemeinde Sankt Andreas fand in der Anlage ihres Bibelgartens eine überzeugende Antwort. Unter der theologischen Beratung des ehemaligen Gemeindeleiters Alois Schaller entstand vor ca. 15 Jahren ein Ort voller Symbolik und Spiritualität. Die Beete folgen in ihrer Architektur klar einer modernen Nüchternheit und lehnen sich gestalterisch an den

Im Garten der Meersburger Bibelgalerie ist die Tradition des Dominikanerinnenklosters wieder lebendig

Sankt Galler Klosterplan [→ Siehe S. 24 – Einführung] an. Inhaltlich orientieren sie sich aber an der biblischen Überlieferung. Das heißt, die Pflanzen – einige von ihnen stammen sogar direkt aus dem Heiligen Land – stehen nicht nach gartenbautechnischen Überlegungen gruppiert, sondern nach der Art und Weise, wie sie auch in der Bibel häufig vorkommen. Ein freier Platz lädt zum Verweilen und zu kleinen Festen ein. Im Bibelgarten dürfen natürlich auch die Reben nicht fehlen. Denn, wie Alois Schaller sagt, *kein biblisches Fest ohne ein Glas Wein.* Schließlich wirkte Jesus selbst sein erstes überliefertes Wunder auf der Hochzeit von Kanaan, indem er Wasser zu Wein verwandelte.

www.bibelgarten.ch

MEERSBURG (FN)
Bibelgalerie

Ihre Geschichte reicht weit ins Mittelalter zurück. Zumindest die des Gebäudekomplexes, in der die Meersburger Bibelgalerie untergebracht ist. Es handelt sich um das ehemalige Dominikanerinnenkloster der Stadt aus dem 14. Jahrhundert. Die Bibelgalerie selbst wurde 1988 als erstes Erlebnismuseum zur Welt der Bibel in Deutschland eröffnet. Damals eine kleine Sensation, heute im deutschsprachigen Raum fast schon eine Selbstverständlichkeit. Neben einer modernen Dauerausstellung zur Bibel, ihrer Lebenswelt und ungezählten Sonderausstellungen gehört der Garten zur festen musealen Einrichtung. Als Bibel- und Kräutergarten orientiert er sich an klösterlichen Traditionen. Die idyllische Anlage bietet einen besonderen Blick auf die Pflanzenwelt der Bibel sowie das von Nonnen und Mönchen jahrhundertelang bewahrte Wissen über Kräuter und Heilpflanzen.

www.bibelgalerie.de

Heilpflanzen- und Kräutergärten greifen einerseits auf die monastische Tradition der Klostergärten, andererseits aber auch auf Apotheker- und Bauerngärten zurück, in denen sich viel Wissen aus vergangenen Jahrhunderten bewahrt hat.

ÖHNINGEN (KN)

Hildegard-Heilpflanzen-Garten

Viele heutige Zeitgenossen bezeichnen die Äbtissin Hildegard von Bingen (1098–1179) als Urmutter der Heilpflanzen-Medizin. Darüber gehen die Meinungen allerdings auseinander. Einer der vehementesten Vertreter ihrer Schriften war der ab 1947 in Konstanz tätige Mediziner Dr. med. Gottfried Hertzka (1913–1997), der zusammen mit einem dortigen Apotheker aus den Quellen abgeleitete moderne Rezepturen entwickelte und den Begriff *Hildegard-Medizin* entwickelte. In Erinnerung an diesen Pionier wurde um sein Wohnhaus in Öhningen-Schienen (KN) ein (privater) Themengarten angelegt, der sich ganz der Erfahrungs- und Pflanzenwelt von Hildegard widmet.

www.bodenseewest.eu

ROGGWIL (TG) UND TEUFEN (AR)

Heilpflanzenwelt

Alfred Vogel (1902–1996) gilt in der Welt der Heilpflanzen als herausragender Pionier. In den 1930er-Jahren zog er nach Teufen im Appenzellerland, schrieb seine erfolgreichen Gesundheitsbücher und begann, Arzneimittel aus frischen Pflanzen herzustellen. Noch heute wachsen – ganz wie zu Alfred Vogels Zeiten – im dortigen Heilpflanzen-Schaugarten rund 120 verschiedene Heil- und Küchenkräuter. Ein Besuch in der Drogerie und im Museum machen aus der kleinen Fahrt ins Appenzell ein Erlebnis der besonderen Art.

Der Rote Sonnenhut gilt nicht nur in Roggwil, sondern in der gesamten Heilpflanzenwelt als Star

Ergänzt wird das Kennenlernen der Heilpflanzenwelt von Alfred Vogel durch seinen modernen Garten in Roggwil (TG). Dort steht im wahrsten Sinne des Wortes der Rote Sonnenhut, Echinacea purpurea, im Zentrum. Ganz der Moderne verpflichtet, wurde der Garten in Form eines Sterns angelegt, in dessen Mitte sich ein Pavillon (*EchinaPoint-Erlebniszentrum*) befindet. Sieben unterschiedliche Beete vermitteln einen spannenden Eindruck in das Leben und die Philosophie des Naturheilkunde-Pioniers sowie von Heilpflanzen und die Herstellung natürlicher Heilmittel. Ein zusätzlicher Rundgang erlaubt einen Blick auf die Verarbeitung der auf den umliegenden Feldern frisch geernteten Heilpflanzen.

www.avogel.ch

TÄGERWILEN (TG)

Heilpflanzengarten

2011 verlegte die renommierte Regena AG ihren Firmensitz an den Bodensee. In ihrem Gepäck befanden sich ungezählte Rezepte homöopathischer Arzneimittel, die bei Ärzten und Heilpraktikern gleichermaßen Anwendung finden. Dabei geht es selbstverständlich nicht ohne Gärten und Natur. Kein Wunder also, dass der vor zehn Jahren entstandene Firmensitz inmitten einer extensiven Blumenfeldwiese liegt. Zu dem Anwesen gehört der als Biotop konzipierte idyllische Firmengarten mit kleinen Teichen, fließenden Gewässern und Heilpflanzen aller Art. Das Gesamtkunstwerk versteht sich als Beitrag zu einer angenehmen Arbeitsatmosphäre und zur meditativen Kontemplation. Ein Kleinod für Liebhaber von Heilpflanzen!

www.regena.ch

UTTWIL (TG)

Arzneipflanzengarten (fast) direkt am See

Die Vitaplant AG ist ein weltweit tätiges Unternehmen, das sich auf die Entwicklung und Produktion von Pflanzenrohstoffen für die Pharma-, Kosmetik- und Lebensmittelindustrie spezialisiert hat. Zur Visualisierung und Erklärung von Arzneistoffen aus der Natur in der modernen Medizin wurde 2014 ein anschaulicher Garten ganz in der Nähe des Sees geschaffen, der unter dem Motto *Sehen, fühlen, riechen* auf sieben runden Indikationsfeldern die Wirkung und die Bedeutung der jeweiligen Heilpflanze für den Menschen beschreibt.

APPENZELL (AI)

Das Kräuterland

Appenzell ist vor allem für drei Dinge bekannt: seinen Käse, seinen Alpenbitter und natürlich seine Berge. Alle drei hängen eng mit einem Naturprodukt zusammen, das im Appenzellerland besonders gut wächst: Kräuter – in einer schier unendlich scheinenden Vielzahl.

Bio-Kräuter nicht nur aus dem Schopf

Wer meint, Kräuter seien etwas Langweiliges, der lässt sich am besten im Sommer auf eine Führung durch den sogenannten *Kräuterschopf* der Familie Bücheler ein. Über den Kräuterbeeten schweben betörende Düfte. Dazu erfreuen sich Bienen, Schmetterlinge und andere Insekten an der üppigen Blütenpracht. An jeder Ecke spürt man die Liebe zur Natur, und die Kräuter schmecken so, dass man am liebsten gleich die ganzen Pflanzen samt Boden mitnehmen würde. Das geht natürlich nicht, aber auch getrocknet schmecken sie unwiderstehlich!

www.kraeuter-schopf.ch

Das malerische Appenzell bildet die ideale Kulisse für einen Kräuter-Schaugarten.

Ein Haus für Kräuter

Was als Experiment von Maurus und Petra Dörig auf einem kleinen Kräuterfeld begann, umfasst mittlerweile mehr als 7500 Quadratmeter Anbaufläche rings um Appenzell und über 40 verschiedene Kräutersorten. Neben der exquisiten Bioqualität steht hinter dem Kräuterhaus eine beeindruckende Philosophie. Hier arbeiten Menschen mit und ohne Behinderung erfolgreich nebeneinander. Kein Wunder eigentlich, dass der neue Inhaber Urs Möckli sein Stammhaus vor nur wenigen Monaten direkt am legendären Landsgemeindeplatz in Appenzell eröffnen konnte.

www.kraeuterhaus-appenzell.ch

Der Kräutergarten – ein eher ungewöhnlicher Erholungsort für Hotelgäste in Weißbad

WEISSBAD (AI)
Ein Hotel und seine Leidenschaft

Die sanfte Landschaft des Appenzells allein begeistert schon die Gartenliebhaber, bildet sie doch so etwas wie einen eigenen Park des Bodensees. Bedingt durch die Geografie sind es weniger die in voller Blüte stehenden Prachtgärten, sondern eher Kräutergärten, die für Bekanntheit sorgen. Ein ganz besonderer liegt in Weißbad. Ort der Begegnung zwischen Einheimischen, Gästen und Mitarbeitenden soll er sein. Und dieses Versprechen erfüllt er auch. Auf 1000 Quadratmetern modern angelegt, geradlinig ohne Kurven und doch verspielt. Der fruchtbare Boden und eine sorgsame Auswahl von Pflanzen sorgen für einen Augenschmaus erster Güte – wer Zeit, Lust und genügend Ruhe mitbringt, der sollte sich noch einen Gaumenschmaus leisten, natürlich mit Kräutern und Gemüsen aus dem eigenen Garten.

www.hofweißbad.ch

MAUREN (FL)
Rundum ein Glücksfall

Mauren ist ein Glücksfall. Wo man steht und geht, überall umgibt die Gartenliebhaberinnen und Gartenliebhaber etwas Besonderes. Kleine naturnah gestaltete Kiesrabatten mit Wildblumen zum Beispiel genauso wie großflächig angelegte Blumenwiesen, die mit ihrer Farbenpracht verzaubern. Den Höhepunkt bildet aber mitten im Dorf ein liebevoll angelegter Kräutergarten. Eine kleine Bank im Zentrum der Anlage lädt zum Genießen und Verweilen ein. Wer neugierig ist, dem helfen viele hübsche Täfelchen, die fast 100 verschiedene Heil- und Gewürzkräuter zu bestimmen. Ganz im Sinne von *Natur im Garten* verzichtet die Gemeinde übrigens auf Torf, synthetischen Dünger und den Einsatz von Pestiziden. *Hier bin ich Mensch, hier kann ich's sein*, hätte Johann Wolfgang von Goethe sicher auch in Mauren gesagt, wenn er denn einmal hier gewesen wäre.

www.mauren.li

HILZINGEN (KN)
Syringa Duftpflanzen und Würzkräuter

Hier schließt sich ein Kreis zwischen Landschafts- und Themengärten. Eingerahmt durch die urzeitlichen Vulkanberge des Hegaus und verbunden durch ein phantasievolles geschwungenes Wegesystem entstanden ab 1997 dreizehn Beetsegmente mit so klangvollen Namen wie *Mini-Provence, Duftrasen* oder *Stinkpflanzen-Ecke*. Auf 6000 Quadratmetern wurde die Bepflanzung hauptsächlich unter dem Aspekt von Düften geplant und vorgenommen. Dabei verfolgten die Gärtnerinnen und Gärtner das Ziel, Pflanzen mit gleichem oder ähnlichem Aroma in Gruppen zu setzen und dabei auch Lebensform und Wuchseigenschaften zu berücksichtigen. Ein Besuch in der Gärtnerei gehört zum absoluten Höhepunkt.

www.syringa-pflanzen.de

GARTENRENDEZVOUS (KN/TG/SH)
Paradiesische Vielfalt ländlicher Gartenkultur

Wer von Themengärten in ihrer schier unendlichen Vielfalt nicht genug bekommen kann, der ist beim *Grenzenlosen GartenRendezvous* am Westlichen Bodensee genau richtig. Ob Parkanlagen, Schau- oder Privatgärten – auf Initiative der REGIO Konstanz-Bodensee-Hegau e. V. haben sich aktuell 77 Gärten zusammengeschlossen, um ihre Schönheit und ihr Wissen an Einheimische und Gäste weiterzugeben. Die Homepage des Vereins und eine umfangreiche Broschüre machen unendlich Lust auf mehr (Gärten).

www.bodenseewest.eu

Auf Arenenberg gehört nicht nur der Patriziergarten zum GartenRendezvous

Der Syringa-Garten besticht gleichermaßen durch seine Aussicht und seine Pflanzen

Bauerngärten bieten für jeden etwas

Neben den Landschaftsparks [→ Siehe S. 46 – Einführung] und ihren eklektizistischen Spielarten [→ Siehe S. 54 – Einführung] bilden die Bauerngärten das wohl engste Verbindungsglied in der Kulturgeschichte der Gärten um den See.

Entfernt man sich nur ein wenig von den Gestaden des *Schwäbischen Meeres*, gehören stattliche Riegelhäuser nach alemannischem Muster und blühende Bauerngärten zum nicht wegzudenkenden Allgemeingut. Ob im Thurgau, Hegau oder Linzgau, ob im Allgäu, in Vorarlberg oder im Sankt-Galler-Land, überall sind sie beheimatet. Dabei gibt es nicht einmal einen Bauplan – sie sind und waren schon immer da. Wer sich auf ihre Spielarten einlässt, erkennt sofort die Ähnlichkeiten in Aufbau und Struktur. Jede Stilrichtung hat – so scheint es zumindest – in den Bauerngärten irgendwie ihre Spuren hinterlassen. Sei es das Mittelalter [→ Siehe S. 24 – Einführung], die Renaissance [→ Siehe S. 30 – Einführung] oder der Barock [→ Siehe S. 36 – Einführung], der Landschaftsgarten [→ Siehe S. 46 – Einführung] und Eklektizismus [→ Siehe S. 54 – Einführung] – und, wer weiß, vielleicht steckt auch noch ein Stück Rom [→ Siehe S. 20 – Einführung] und Älteres [→ Siehe S. 14 – Einführung] in ihnen?

Zu kompliziert, zu verspielt, zu verschnörkelt? Das muss nicht sein – auch die Gegenwart [→ Siehe S. 48 – Einführung] kommt zu ihrem Recht. Daniel Brogle, Obergärtner und Leiter der Gärtnerei des Schlossguts Arenenberg [→ Siehe S. 55 – Arenenberg], Vorsitzender der Gemeindegärtner Bodensee und Hüter der Bauerngärten im Thurgau, geht die Sache pragmatisch an und sagt:

Ein typischer Bauerngarten weist heute folgende Merkmale auf: Liegt neben einem Bauernhaus, besitzt Nutzpflanzen, Gemüse, Kräuter und/oder Beeren, beherbergt Zierpflanzen Blumen, Stauden und/oder Sträucher, hat eine Einfriedung, z. B. Hecke, Zaun etc., ist mit einem »Verweilort« ergänzt, z. B. Bank,

Garten-Sitzplatz o. Ä. und kann ergänzt sein durch ein Angebot im Bereich Gastronomie, Hofladen oder Ähnliches mit Bezug zum Garten.

In diesem Sinn arbeitet das Netzwerk Bodenseegärten daran, zukünftig die Bauerngärten noch enger zu verbinden. Als Basis dienen zwei Zusammenschlüsse, die schon jetzt Pionierarbeit leisten und wunderschöne Gärten präsentieren:

BAUERNGARTENROUTE THURGAU (TG)

Ländliches Kulturgut am Bodensee

Die Thurgauer Bauerngartenroute verbindet eine stetig ansteigende Zahl von unterschiedlichsten Anlagen dieser Art und gibt ihnen eine öffentliche Plattform. Obwohl heute die Selbstversorgung an Bedeutung verloren hat, sind nach wie vor sehr liebevoll gepflegte Bauerngärten zu finden. Der Thurgau nimmt hier eine Vorreiterposition ein. Einige Gärten stehen Besuchern immer offen, bei anderen wird vom Gartenzaun aus bestaunt. Jeder Garten erzählt von seiner ganz eigenen Geschichte. Hier einige Beispiele:

AMRISWIL (TG), Bohlenständerhaus

Mit dem Amriswiler *Bohlenständerhaus* hat sich ein typisches alemannisches Kleinbauernhaus des ausgehenden Mittelalters/der Renaissance erhalten. Im Wohnhaus mit eingerichteter Stube, Schlafzimmer, Küche und Webkeller kann man das Leben der Thurgauer Kleinbauern nachvollziehen. Der Garten direkt daneben bietet einen guten Eindruck, wie die Menschen sich weitgehend selbst versorgten.

NEUKIRCH-EGNACH (TG), Bauerngarten Ackermann

Auf rund 800 Quadratmetern bietet sich hier ein spannendes Zusammenspiel zwischen Geometrie und natürlichen Formen. Akkurat geschnittene Buchshecken und Kugeln treffen auf scheinbar wilde Staudenrabatten. Ein Nutzgarten, ein *Lusthäuschen* aus Baumblättern und ein Weiher

Im Schlossgut Arenenberg lebt bereits der Bauerngarten des 21. Jahrhunderts

Seit dem späten Mittelalter kaum verändert, zeigt das Bohlenständerhaus die älteste Form von Bauerngärten

mit Seerosen gehören wie selbstverständlich dazu. Ruhepunkte mit Sichtachsen runden dieses Gesamtkunstwerk ab.

ESCHLIKON (TG), Bauerngarten Meili-Müller

Zusammen mit dem 250 Jahre alten zugehörigen Fachwerkhaus bildet diese Anlage eine Sehenswürdigkeit erster Güte. Ganz der Tradition verpflichtet, dient sie mit ihren vielfältigen Kräutern, Gemüsen, Beeren und Blumen noch heute der Selbstversorgung und der *Freude aller Menschen*.
www.bauerngartenroute-thurgau.ch

OSTERFINGEN (SH)
Projekt Gartenpfad

Der Gartenpfad soll den Sinn für die traditionelle Bauerngartenkultur fördern, indem Bestehendes erhalten, gepflegt oder sogar in den ursprünglichen Zustand zurückgeführt wird und so Bewohner und Besucher erfreuen. Dies schließt nicht aus, dass im Umfeld einer veränderten Nutzung am geeigneten Ort auch moderne Gestaltungsideen im Dorf Einzug halten. (Emil Wiesli)

Wo liegt Osterfingen?, werden sich nun die meisten Leserinnen und Leser fragen. Die Antwort ist eigentlich ganz einfach: bei Wilchingen (SH). Aha! Genauer gesagt, im Unterklettgau, der zum Kanton Schaffhausen gehört, ca. 15 Kilometer westlich der gleichnamigen Kantonshauptstadt. Ganz nah an der Grenze zu Deutschland.

Ein entzückendes Straßen- und Weinbauerndorf mit ca. 380 Einwohnern und einer enormen Vergangenheit. Das Gärtnern liegt den meisten Einwohnern wohl im Blut! Schon die Römer [→ Siehe S. 20 – Einführung] siedelten hier, und im späten 15. Jahrhundert, an der an Schwelle zwischen Mittelalter [→ Siehe S. 24 – Einführung] und Renaissance [→ Siehe S. 30 –

Einführung], dienten der Ort und sein alaun- und schwefelhaltiges Heilbad den Äbten von Rheinau (SH) als Sommersitz.

Was zeichnet Osterfingen aus? Osterfingen ist sozusagen das *Dorf der Bodensee-Bauerngärten*. Wer dorthin kommt, erlebt ein wahres Paradies: Gemüsegärten, Kräutergärten, Staudengärten, Naturgärten, Wohngärten, Cottage-Gärten, mediterrane Gärten – Gärten, wohin man nur schaut. Um die 30 Stück! Viele davon vor den Häusern, an der Straße, liegend, manche auch hinter den schmucken Gehöften. Letztere sind dabei keinesfalls zu verachten, nur weil sie sich etwas verstecken. Denn sie bilden den Auftakt bzw. harmonischen Übergang in die (ungestaltete) Natur mit Wiesen, Äckern und Reben. Zusammen mit vielen Linden und schönen Nussbäumen stehen sie für ein Gesamtkunstwerk, das schöner nicht sein könnte.

Es war ein Herr mit dem passenden Namen Wiesli, der vor ca. 20 Jahren das *Projekt Gartenpfad* ins Leben rief. Als ehemaliger Stadtgärtner von Schaffhausen erhielt er den Auftrag, die erhaltenswürdigen Parks und Gärten in seinem Kanton zu inventarisieren. Als er auf Osterfingen stieß, entstand die Idee, etwas Einzigartiges zu schaffen. Etwas, das es nirgends auf der Welt sonst noch gibt, den Gartenpfad, eine Art Freilichtmuseum für Bauerngärten. Allerdings zeigt dieses besondere Museum keine klassische Dauer- oder Sonderausstellung. Den Gesetzen der Natur folgend, verändert es sich von Tag zu Tag. Ja, man könnte sogar sagen, von Stunde zu Stunde und von Minute zu Minute. Denn Gärten sind nie statisch, sondern stetig der Veränderung unterworfen.

www.gartenpfad.osterfingen.ch

NETZWERK BODENSEEGÄRTEN UND NATUR IM GARTEN
Zwei außergewöhnliche Ideen

Die Idee lag auf der Hand, und im Nachhinein wundert es, dass sie nicht schon viel früher verwirklicht wurde. Gärten und Parks sind ein Markenzeichen für den Bodensee – stehen doch die Insel Reichenau, Blumeninsel Mainau (KN) bzw. die Villen- und Parkanwesen von Überlingen (FN), Lindau (LI) sowie Bregenz (Vbg) oder der Arenenberg (TG) schon immer als Synonym für den See und seine große Gartentradition.

Nach einigen Jahren der Vorbereitung war es 2013 endlich so weit. Der Verein Bodenseegärten e. V. nahm seine Arbeit auf. Mittlerweile bekennen sich über 40 Gärten zur grünen Tradition des Sees. *Ziel des Netzwerks ist es,* sagt Monika Grünenfelder, die Geschäftsführerin – selbst maßgeblich an der Gründung beteiligt –, *die Gärten und Parks am See grenzüberschreitend und gemeinsam erlebbar zu machen, mit ihren historisch bedingten Unterschieden, den faszinierenden Zusammenhängen und räumlichen bedingten Besonderheiten.* Dazu entwickelte der Verein für Einheimische und ihre Gäste eine Vielzahl von Angeboten und Initiativen. Die *Lange Nacht der Bodenseegärten* zum Beispiel, das *Gartensymposium*, ein Projekt zur *Förderung von Schulgärten* und nicht zuletzt den *Preis der Bodenseegärten*. Der sogenannte *Bodensee-Oscar* wird gleich in mehreren Kategorien verliehen, darunter auch ein Preis für die beste Berichterstattung.

Ökologie, Biodiversität und Nachhaltigkeit sind wichtige Anliegen des Vereins und seiner Mitglieder. Dazu zertifiziert er naturnahe Gärten und verleiht anschließend die *Natur im Garten*-Plakette. Im Mittelpunkt steht die Verpflichtung, im eigenen Garten (oder auch in Teilbereichen) keine Gifte, Kunstdünger oder Torf zu verwenden. Die Initiative hat ihren Ursprung 1999 in Niederösterreich und gewinnt europaweit immer mehr Anhänger. Nicht umsonst wurde etwas später die *European Garden Association – Natur im Garten International* (EGA) gegründet. Rund 20 000 Gärten in verschiedenen Ländern dürfen bereits die begehrte Plakette tragen.

www.bodenseegaerten.eu
www.naturimgarten.at

Sonnenaufgang in einem der ersten ausgezeichneten Privatgärten

Nachwort und Dank

Der Wunsch, eine Art *Kleine Kulturgeschichte der Bodenseegärten* zu schreiben, ist eigentlich so alt wie der Verein Bodenseegärten selbst. Aber, gut Ding will bekanntlich Weile haben, außerdem bedurfte es auch eines speziellen Anlasses, um das Buch überhaupt in Angriff zu nehmen. Als Tourismus- und Gartenverantwortliche das *Bodensee-Gartenjahr 2021* ins Leben riefen, war dieser Anlass gefunden.

Die Idee zum Gartenjahr stammte – wie könnte es anders sein – von der Insel Mainau. Genauer gesagt, von deren Marketing-Direktor Franz Petzold, der im Spätsommer 2020 eine Allianz der Willigen um sich scharte und sie schnell von seiner Idee überzeugte. Dr. Birgit Rückert von den *Staatlichen Schlössern und Gärten Baden-Württemberg*, zuständig für die Schlösser Salem und Meersburg (mit dem Fürstenhäusle), war dabei, genauso Edith Heppeler, Geschäftsführerin der *Landesgartenschau in Überlingen*. Ihr Kollege Jürgen Jankowiak, Geschäftsführer der *Überlinger Marketing und Tourismus GmbH*, und Carsten Holz, sein Pendant in Lindau, zeigten sich ebenso begeistert wie Eric Thiel, Geschäftsführer der *Marketing und Tourismus Konstanz GmbH*, zusammen mit Lucia Kamp, Bereichsleiterin des *REGIO Konstanz-Bodensee-Hegau e. V.*, und Jürgen Ammann, Geschäftsführer der *Internationalen Bodensee-Tourismus GmbH*. Ute Stegmann, Geschäftsführerin der *Deutschen Bodensee Tourismus GmbH,* schloss zusammen mit Vertreterinnen und Vertretern aus der Schweiz und Österreich den Kreis. Namentlich sei hier Daniel Brogle, Obergärtner und Leiter der Gärtnerei des Schlossguts Arenenberg, Verantwortlicher für Bauerngärten und Vorsitzender der Gemeindegärtner Bodensee, genannt.

Für die operative und inhaltliche Umsetzung kam nur das Netzwerk Bodenseegärten mit seiner unermüdlich-rührigen Geschäftsführerin Monika Grünenfelder in Frage. Der Autor, selbst geschäftsführender Präsident der Bodenseegärten, brachte seine Ideen für ein flankierendes Buch zu Papier, und mit der Projektmanagerin Bettina Kimpel sowie ihrer Kollegin Gaby Schuska vom *Silberburg-Verlag* in Tübingen (*GeraNova Bruckmann Verlagshaus* München) fanden sich zwei Damen, die von der Idee mehr als überzeugt waren.

Das Buch *Die schönsten Bodenseegärten und ihre Geschichte* konnte entstehen.

Allen oben Genannten sei an dieser Stelle ein herzlicher Dank für ihre vielfältige Hilfe ausgesprochen. Dies gilt in gleichem Maße auch für die im Bildnachweis genannten Fotografinnen und Fotografen sowie unterstützenden Institutionen.

Ein besonderer zusätzlicher Dank gilt aber an dieser Stelle Frau Monika Grünenfelder, die das Zustandekommen des Buches mit Rat und Tat sowie mit ihrem großen Wissen erst möglich machte. Petra Reinmöller begleitete das Manuskript mit wertvollen Anregungen zu Inhalt, Sprache und Aufbau.

Natur im Garten-Plakette – eine Auszeichnung nicht nur für Hobbygärtner

Literaturempfehlungen

Amt für Archäologie des Kantons Thurgau (Hrsg.), Im Schutze mächtiger Mauern, Spätrömische Kastelle am Bodensee, Sulgen 2005.

Dass., Bevor die Römer kamen, Späte Kelten am Bodensee, Sulgen 2008.

Dass., Archäologie im Thurgau, Frauenfeld 2010.

Dass., Römer, Alamannen, Christen, Frühmittelalter am Bodensee, Sulgen 2013.

Dass., Stadt-Land-Fluss, Römer am Bodensee, Sulgen 2017.

Borst, Arno, Ritte über den Bodensee, Bottighofen 1992.

Brunner, Michael und Harder-Merkelbach, Marion (Hrsg.), 1100 Jahre Kunst und Architektur in Überlingen (850–1950), Petersberg 2005.

Brunner, Michael und Graubach, Peter (Hrsg.), Städtisches Museum Überlingen, Frankfurt/Main und Überlingen 2013.

Derschka, Harald und Klöckler, Jürgen (Hrsg.), Der Bodensee, Natur und Geschichten aus 150 Perspektiven, Ostfildern 2018.

Gothein, Marie Luise, Geschichte der Gartenkunst, Band 1 und 2, Jena (zweite Auflage) 1926.

Gügel, Dominik und Egli, Christina (Hrsg.), Arkadien am Bodensee, Europäische Gartenkultur des beginnenden 19. Jahrhunderts, Frauenfeld 2005.

Dies., Menschen im Schloss, Lebenswelt um 1900 auf dem kaiserlichen Gut Arenenberg, Frauenfeld 2006.

Dies., Eine Königin macht Dampf, Zeitenwende am Bodensee 1817–1837, Arenenberg 2017.

Gügel, Dominik, 50 × Bodensee, Eine spannende Zeitreise durch die Geschichte, Tübingen 2020.

Ders., Arenenberg und Eugensberg – Zwei napoleonische Landschaftsgärten am westlichen Bodensee. In: Amt für Denkmalpflege des Kantons Thurgau (Hrsg.), Oase im Alltag. Gärten und Freiräume im Thurgau. Basel 2021.

Ders., Zeitreise Konstanz und der westliche Bodensee. Menschen, Orte und Ereignisse, die Geschichte schrieben, Tübingen 2021.

Hald, Jürgen und Kramer, Wolfgang (Hrsg.), Archäologische Schätze im Landkreis Konstanz, Singen und Hilzingen 2011.

Hartmann, Lucrezia, *Schau an der schönen Gärten Zier*, Historische Gartenanlagen und Villen in Lindau, Lindau 2011.

Hobhouse, Penelope, Der Garten, Eine Kulturgeschichte, Starnberg 2003.

Hölz, Christoph und Traub, Markus, Weite Blicke: Landhäuser und Gärten am Bayerischen Bodenseeufer, München und Berlin 2010.

Kalusok, Michaela, Schnellkurs Gartenkunst, Köln 2003.

John, Timo, Die Klosterinsel Reichenau im Bodensee. UNESCO Weltkulturerbe. Wiege der abendländischen Kultur. Dritte Auflage. Beuron 2017.

Knöpfli, Albert, Kunstgeschichte des Bodenseeraumes 1, Von der Karolingerzeit bis zur Mitte des 14. Jahrhunderts, Konstanz und Lindau 1961.

Ders., Kunstgeschichte des Bodenseeraumes 2, Vom späten 14. bis zum frühen 17. Jahrhundert, Sigmaringen 1969.

Michler, Jürgen, Gotische Wandmalereien am Bodensee, Friedrichshafen 1992.

Napierala, Hannes, Campus Galli. Der offizielle Baustellenführer. Meßkirch 2020.

Oster, Uwe, Fürstliche Gärten in Baden-Württemberg, Darmstadt 2011.

Pückler, Hermann Graf von, Entre chien et loup, Briefe und Biografie 1808–1815, Dresden 2005.

Schmieder, Dagmar (Hrsg.), Pause am See, Vom Rebgut zur Reha-Klinik in Konstanz, Konstanz 1993.

Schmitt, Günter, Ritter, Grafen, Kirchenfürsten. Schlösser und Burgen am Bodensee, Biberach 2011.

Stäheli, Cornelia, Kulturschätze im Thurgau entdecken und erleben, Frauenfeld 2003.

Namens- und Ortsregister

Vita

Dominik Gügel, geboren und aufgewachsen in Konstanz, studierte Geschichte und Politische Wissenschaften. Er ist Direktor des Napoleonmuseums Arenenberg (TG/CH) und Autor. Ehrenamtlich fungiert er als geschäftsführender Präsident des *Netzwerks Bodenseegärten* und Vize-Präsident der *European Garden Association*. 2021 wurde ihm von Ministerpräsident Winfried Kretschmann für seine Verdienste um die Bodenseegärten die Staufermedaille des Landes Baden-Württemberg verliehen.

Impressum

In diesem Buch wird aus Gründen der besseren Lesbarkeit das generische Maskulinum verwendet. Weibliche und anderweitige Geschlechteridentitäten werden dabei ausdrücklich mitgemeint, soweit es für die Aussage erforderlich ist.

2. Auflage 2023
© 2021/2023 Silberburg-Verlag GmbH, Schweickhardtstraße 1, D-72072 Tübingen.

Umschlaggestaltung: Björn Locke, Nürtingen.
Satz und Layout: Silke Schüler, München.
Lektorat: Michael Raffel, Tübingen.

Printed in Poland by CGS Printing.

ISBN 978-3-8425-2348-7

Ihre Meinung ist wichtig für unsere Verlagsarbeit. Senden Sie uns Ihre Kritik und Anregungen unter **meinung@silberburg.de**

Besuchen Sie uns im Internet und entdecken Sie die Vielfalt unseres Verlagsprogramms:
www.silberburg.de

Bildnachweis

Titelbild: Bodenseegärten, Helmuth Scham
Amt für Tourismus, Kultur und Marketing Langenargen, Wolfgang Oberschelp: 70–71
Architekturmuseum TU Berlin: 78
Bodenseegärten: 8–9
Bodenseegärten, Monika Grünenfelder: 76, 80, 87, 88, 89, 101, 103, 104, 110
Bodenseegärten, Dominik Gügel: 15, 17, 20, 21, 23, 24, 27, 34, 39, 40, 49, 50, 60, 105
Bodenseegärten, Helmuth Scham: 14, 18, 19, 28, 33, 35, 41, 42, 45, 52, 65, 66, 67, 72, 73, 74, 75, 82, 83, 86, 90, 91, 100
Christina Egli: 48, 58
Familienarchiv Gügel-Frank, Konstanz: 30–31, 37, 38, 47, 57, 64
Gartendenkmal Stiegeler Park, Nina Baisch: 84, 85
Gemeinde Kißlegg: 53
Kunstmuseum Stuttgart: 99
Landesgartenschau Überlingen 2020 GmbH, Jürgen Heppeler: 96–97
Napoleonmuseum Arenenberg: 8, 11, 25, 54, 68
Napoleonmuseum Arenenberg, Manuel Paul Riesterer: 61, 62, 108–109
Napoleonmuseum Arenenberg, Helmuth Scham: 5, 29, 55
Privatbesitz: 32
PR2 GmbH, Petra Reinmöller: 12–13, 43, 112–113
Sammlung Würth, Inv. 11500, ProLitteris, Zürich: 95
Schaffhauserland Tourismus, Bruno Sternegg: 63
Staatliche Schlösser & Gärten Baden-Württemberg, Günther Bayerl: 28
Stadt Stockach, Siegfried Kempter: 79
Syringa: 106–107
Tourist-Information Kressbronn a. B., Andreas Kaifer: 77
Ulrike Veser: 92